习近平新时代中国特色社会主义思想研究工程

新时代的历史大视野

陈学明 李冉 肖巍 周文 等◎著

焦扬◎主编

上海人民出版社

序

复旦大学党委书记　焦扬

　　复旦大学是一所具有110多年悠久办学历史的全国重点大学，是一所在马克思主义研究、传播、教学、育人等方面具有光荣传统的大学，是全国马克思主义理论研究的高地、学科建设的重镇、人才培养的摇篮。复旦大学积极投身中华民族由站起来、富起来到强起来的伟大实践，无论是在革命年代的峥嵘岁月中，还是在和平时期的火热建设中，复旦人对马克思主义的追求、对共产主义的信仰始终坚如磐石、坚定不移。陈望道老校长翻译出《共产党宣言》第一本中文全译本，"真理的味道"传为佳话；蒋学模教授编写的《政治经济学教材》连续再版十多次，累计发行近2000万册，影响深远。长期以来，复旦大学涌现出一批又一批马克思主义理论家、教育家，培养出一代又一代青年马克思主义者，为马克思主义理论研究和宣传教育做出重要贡献。"日月光华，旦复旦兮"，流淌在复旦人血液中的是信仰的红色基因，铭记在复旦人内心中的是中国共产党人的初心和使命。这是复旦人的风骨，也是复旦精神的内核。

2018 年是改革开放 40 周年、马克思诞辰 200 周年、《共产党宣言》发表 170 周年。深入学习宣传习近平新时代中国特色社会主义思想和党的十九大精神将成为 2018 年党和国家事业发展的主旋律，也是复旦大学义不容辞的使命和责任。党的十九大闭幕不久，学校党委即决定集全校之力，组织实施"当代中国马克思主义研究工程"和"新时代中国特色社会主义研究工程"（简称"两大工程"）。在中共上海市委宣传部、上海市教委等有关部门大力支持下，学校于 2017 年 11 月 13 日正式启动"两大工程"。这是学校深入学习贯彻习近平新时代中国特色社会主义思想和党的十九大精神的重大举措，是深化党的创新理论研究、繁荣发展中国特色哲学社会科学的重要抓手，也是一所党领导下的社会主义大学、一所在哲学社会科学方面拥有深厚底蕴和扎实基础的综合性研究型大学应有的责任和担当。

"两大工程"将紧扣五年来党和国家事业取得的历史性成就和发生的历史性变革，注重对十八大以来的伟大实践进行理论提升和思想概括。特别是对新时代中国特色社会主义的重大理论和现实问题、当代中国马克思主义的根本和前沿问题开展基础性研究、战略性研究、全局性研究、系统性研究，为推进马克思主义中国化时代化大众化、加强党的思想理论建设、繁荣发展中国特色哲学社会科学作出复旦大学新的贡献，助力上海哲学社会科学体系建设，推进当代中国马克思主义理论建设，为中国共产党治国理政服务，为巩固和发展中国特色社会主义制度服务。

序

"两大工程"由六个系列、38个研究项目组成。本书属于党的十九大精神研究系列，也是公开出版的第一项成果。该书聚焦习近平新时代中国特色社会主义思想，帮助广大干部群众学习掌握习近平新时代中国特色社会主义思想和党的十九大精神的主要内容、精神实质、历史地位和现实意义，是社会各界学习习近平新时代中国特色社会主义思想和党的十九大精神的重要参考读物。

党的十九大报告全面论述了习近平新时代中国特色社会主义思想，学界也从形成背景、丰富内涵、精神特质、理论品格等方面开展研究。我们认为，当前最重要的理论工作就是深入研究习近平新时代中国特色社会主义思想，只有准确把握其历史方位和重大意义，才能准确领会十九大的精神实质，才能更加坚定地进行伟大斗争、实现伟大梦想、推进伟大事业、建设伟大工程。因此，我们把研究的重心进一步聚焦于对习近平新时代中国特色社会主义思想的重大意义的研究。

那么，如何对习近平新时代中国特色社会主义思想的重大意义进行研究呢？我们沿着十九大报告提供的思路，将研究的主题进一步确定为"在大视野中认识习近平新时代中国特色社会主义思想的意义"。如果说本课题的研究有什么独到之处的话，这就是特色之所在。

从中华人民共和国发展史的角度，我们清楚地看到，习近平新时代中国特色社会主义思想的形成，意味着中华人民共和国站到了实现强起来的新的历史起点上，迎来了从富起来到强起来的伟大飞跃。中国人民将在习近平新时代中国特色社会主义思想的指引下，切实破解发展不均衡、不充分的问题，在中华人民共和国的大地上呈现一种新的、全面的发展。习近平新时代中国特色社会主义思想解决了我国发展起来以后、由大国迈向强国的历史进程中所存在的根本问题，它本质上是一种大国走向强国的理论。习近平新时代中国特色社会主义思想的提出，彰显了中国共产党执政近 70 年来，对社会主要矛盾日臻成熟的把握，致力于满足广大人民群众对美好生活的追求，充分体现了中国共产党始终坚持以人民为中心的价值追求和执政为民的责任担当。

把视野从中华人民共和国的发展史再扩展到整个中华民族的发展史，即真正从民族的高度来理解习近平新时代中国特色社会主义思想，其深远意义更鲜明地呈现于前。任何一个理论被人所信服，关键在于其能够回答时代课题，指导推动实践。习近平新时代中国特色社会主义思想的强大思想魅力正在于，它全面而深刻地回答了中华民族在当今的时代背景下如何复兴的问题，指导中华民族真正走近世界历史舞台的中央，以崭新姿态屹立于世界东方。历史已经证明并将继续证明，习近平新时代中国特色社会主义思想是引领中华民族走向伟大复兴的行动指南，因为它代表着民族复兴新的理论自觉。

要深刻理解习近平新时代中国特色社会主义思想的重大意义必须具有世界社会主义的眼光。于是我们可以看到，习近平新时代中国特色社会主义思想对于马克思主义和世界社会主义在 21 世纪的发展至关重要，其世界性价值在于进一步科学地回答了"社会主义究竟什么样子，建设社会主义到底要走怎样的道路"这一"世界之问"。这表明习近平新时代中国特色社会主义思想的意义远远超出了民族、国家的范围，在21世纪的中国焕发出强大生机活力的同时，也大大推进了世界社会主义运动。习近平新时代中国特色社会主义思想在继承科学社会主义基本原理的基础上，以新的丰富内容构建了当代科学社会主义新的理论形态，对发展科学社会主义、创立21世纪马克思主义，作出了原创性的贡献。

要深刻理解习近平新时代中国特色社会主义思想的世界意义，除了要有世界社会主义的眼光，还必须具有人类社会发展的意识。纵观人类社会发展史，我们不难发现，人类社会正面临着一系列严峻的挑战。习近平新时代中国特色社会主义思想指引着中国伟大的社会革命，在现代历史中展开了一条走向现代化的独特途径，既完成着中华民族复兴的伟大事业，又给世界上那些既希望加快发展又希望保持自身独立性的国家和民族提供示范，给那些已然通过资本主义道路走向发达但积累了深层矛盾的国家提供对比启示，为解决人类社会挑战提供了新的时代选择，为解决人类问题贡献了中国智慧和中国方案。

我们力图借助于这些大视野，以加深人们对习近平新时代中国特色社会主义思想的理解。囿于自身的理论水平和其他种种局限，也许我们不能圆满地达到预期的理想目标，所幸复旦大学"两大工程"的六个系列、38个项目的研究已全面展开，正在稳步有序向前推进。我们期待为进一步学习宣传习近平新时代中国特色社会主义思想贡献力量。我们也希望这套丛书能够起到"抛砖引玉"的作用，为习近平新时代中国特色社会主义思想的深入研究提供思想启迪。

是为序。

目　录

目　录

目 录

第一章 从中华人民共和国发展史 看习近平新时代中国特色 社会主义思想[*]

　　习近平同志在 2013 年 6 月 25 日政治局集体学习时尤其强调，"学习党史、国史，是坚持和发展中国特色社会主义、把党和国家各项事业继续推向前进的必修课"。[1] 因此，今天我们从大历史的角度考察新时代和习近平新时代中国特色社会主义思想，首先就是要着眼于中华人民共和国发展史，包括重温中国共产党从石库门走向天安门、最终建立中华人民共和国的艰辛历程，回顾共和国成立后党领导人民建设社会主义、持续走向繁荣富强的光辉历程，这对把握习近平新时代中国特色社会主义思想具有重要意义。

　　* 本章作者：周文，复旦大学马克思主义研究院教授；方茜，四川省社会科学研究院研究员。

一、中华人民共和国的发展历程

（一）中华民族近百年来三个历史性飞跃

近代以来，中国人民面临争取民族独立和人民解放，实现国家繁荣富强和人民共同富裕，实现社会主义现代化和中华民族伟大复兴三大历史任务。直面三大任务，中国共产党带领全国人民，经过97年艰苦斗争实现了中华民族站起来、富起来到强起来的三个历史性飞跃。

1. "站起来"：从1921年建党到1949年建国的历史时期。在这个历史时期，中国共产党团结带领全国各族人民，历经28年艰苦卓绝的革命斗争，推翻了帝国主义、封建主义和官僚资本主义三座大山，建立了中华人民共和国，自豪而庄严地向世界宣布"中国人民站起来了"。新中国开启了中华民族伟大复兴的历史新纪元，也因此，"站起来"是对伟大的中国革命取得的民族独立和人民解放历史成就的精辟概括。

2. "富起来"：从1949年新中国成立到2012年党的十八大召开的历史时期。在这个历史时期，中国共产党团结带领全国各族人民，探索在贫穷落后的经济社会发展水平基础上建设社会主义、持续走向繁荣富强。"富起来"又分为两个阶段：第一个阶段是从1949年

10 月中华人民共和国成立至 1978 年 12 月党的十一届三中全会召开。第二个阶段是党的十一届三中全会至 2012 年 11 月党的十八大召开。

新中国成立后，以毛泽东同志为核心的党的第一代中央领导集体带领全国各族人民，在新民主主义革命成果的基础上，进行了社会主义改造，确立了社会主义基本制度，为中国的发展奠定了根本政治前提和制度基础；艰辛探索社会主义道路，为开创中国特色社会主义提供了宝贵经验，取得了独创性的理论成果，也为下一阶段的发展奠定了产业和物质基础。

改革开放后，在邓小平"贫穷不是社会主义"思想指导下，中国共产党团结带领全国各族人民坚定不移走中国特色社会主义道路，坚持以经济建设为中心，坚持改革开放，实现了国家综合实力快速提升，把中国建设成为全球第二大经济体。"富起来"是对新中国成立以来、特别是改革开放以来实现国家繁荣富强和人民共同富裕的伟大历史成就的高度评价。

改革开放前、改革开放后是中国实现富起来必不可少的重要历程。2013 年 1 月 5 日，习近平同志在新进中央委员会委员、候补委员学习贯彻党的十八大精神研讨班上发表重要讲话，对改革开放前后两个历史时期关系做出以下判断："改革开放前的社会主义实践探索为改革开放后的社会主义实践探索积累了条件，改革开放后的社会主义实践探索是对前一个时期的坚持、改革、发展。不能用改革开放后的历史时期否定改革开放前的历史时期，也不能用改革开放前的历史时期否定改革开放后的历史时期。"[2]

3. "强起来"：2012 年 11 月党的十八大召开以来。党的十八大召开以来的五年，是党和国家发展进程中极不平凡的五年，正如十九大报告中所强调的，因为顺应实践要求和人民愿望，我们才能够"解决了许多长期想解决而没有解决的难题，办成了许多过去想办而没有办成的大事"[3]。面对世界经济复苏乏力、局部冲突和动荡频发、全球性问题加剧的外部环境，面对我国经济发展进入新常态等一系列深刻变化，我们坚持稳中求进工作总基调，迎难而上，开拓进取，取得了改革开放和社会主义现代化建设的历史性成就。全党全国人民砥砺奋进、全面深化改革，跻身世界中等发达国家行列，并逐步走近世界舞台中央，更有质量的经济和更有质量的发展让中国阔步走在"强起来"道路上，迎来了中华民族伟大复兴的光明前景。

党的十八大以来，中国在世界经济、环境改善、政党领导等问题上，愈来愈发挥出世界性的主导作用。用习近平同志的"三个前所未有"来表述就是："我们前所未有地靠近世界舞台中心，前所未有地接近实现中华民族伟大复兴的目标，前所未有地具有实现这个目标的能力和信心。"[4]党的十八大以来，中国共产党不断深化对共产党执政规律、社会主义建设规律、人类社会发展规律的认识，取得了重大理论创新成果，形成了习近平新时代中国特色社会主义思想，中国特色社会主义进入新时代。"强起来"既是中国特色社会主义的主要特征，更是中国发展新的历史方位。

（二）中国特色社会主义推动中国富起来

经过四十年的改革开放，中国摆脱了积贫积弱，从低收入国家进入中等收入国家，应该说主要得益于坚定将马克思主义基本原理与中国实际相结合，坚定不移地走自己的道路。无数事实证明了一个真理，只有社会主义才能救中国，只有改革开放才能发展中国、发展社会主义。

坚持发展才是解决一切问题的"金钥匙"。发展是人类永恒的主题，国家强盛、人民富裕，关键在发展。发展是硬道理，只有经济发展了，人民才能富裕，社会才能安定，这是中国特色社会主义发展实践反复验证的一条真理。中国经济的快速腾飞，最显著的一个优势体现在"加快发展"。从 1949 年到 2012 年党的十八大召开的这一段时间，中国之所以取得举世瞩目的辉煌成就，从根本上讲就是抓住了发展。在中国特色社会主义现代化道路上，我们党对发展的主题从未动摇，以不断创新的伟大实践主动回应世界性的发展难题和普遍性的发展困境。

坚持开放是当代中国发展进步的活力之源。开放带来进步，封闭必然落后。回顾从站起来到富起来的发展历程，中国特色社会主义的伟大成就要归功于中国始终坚持高举改革开放大旗，主动顺应经济全球化潮流，把改革开放作为大踏步赶上时代步伐的重要法宝。没有改革开放，就没有中国的今天，也就没有中国的明天。通过改革开放，不断深化和推进体制改革，加快破除经济、政治、社会、文化和生态等领域的体制机制性障碍，不断解放思想，激发劳动、知识、技术、管理、资本的活力，解放和发展了社会生产力，推动了从计划经济向市场经济的历史性转变，提升了经济社会发展质量，使人民生活水平不断迈上新台阶。

坚持建立完善中国特色社会主义市场经济体制。中国始终坚持社会主义市场经济的改革方向，保持战略定力，在改革中不断完善中国社会主义市场经济体制，在伟大实践中不断超越西方理论的认知。始终坚持"看不见的手"和"看得见的手"的有机结合，做到既充分发挥市场经济的优势，又有效克服市场失灵的风险，牢牢把握经济发展的大局，全面认识发展规律，适应经济发展新常态完善宏观调控，走出一条行稳致远的发展之路。改革开放 40 年来，中国大型基建（如高铁、高速公路、西气东输、南水北调）、新能源推广、数字化的生态互联网建设等，天宫、蛟龙、天眼、悟空、墨子、大飞机，重大科技成果能够上天入地下海，国家力量扮演着非常重要的作用。

经过改革开放前的探索积累，到改革开放初期，中国经济总量大约排名世界第 10 位。又经过改革开放后的长足发展，中国经济排名迅速提升，2010 年超过日本成为世界第二大经济体。1978 年，我国 GDP 总量为 3679 亿元，人均 385 元；2012 年，我国 GDP 为 540367 亿元，人均 GDP 为 40007 元。[5] 1978 年，中国经济总量仅占美国比重的 6.5%，2012 年，中国经济总量占美国比重达到 53.3%。[6]

与国家富强同步进阶的是人民生活的不断改善。1978—2012 年，城镇居民人均可支配收入从 343 元提高到 24565 元，农村居民人均纯收入 134 元提高到 7917 元。城镇居民恩格尔系数从 57.5% 下降到 36.2%，农村居民恩格尔系数从 67.7% 下降到 39.3%（见图 1），达到相对富裕标准。

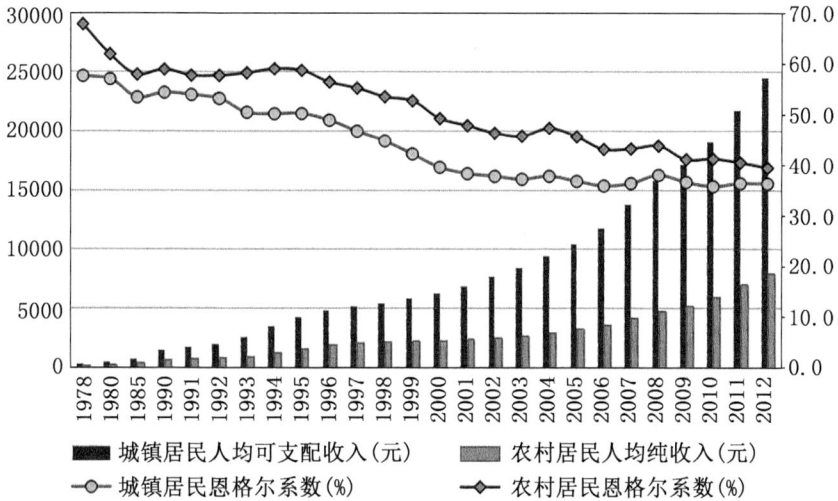

图 1　中国城乡居民指标的变化（1978—2012 年）

按 1978 年农村贫困标准，我国贫困人口从 1978 年的 2.5 亿人下降为 2007 年的 1479 万人，贫困发生率从 30% 下降为 1.6%。按 2010 年农村贫困标准[7]，我国贫困人口从 1978 年的 7.7 亿人下降为 2012 年的 9899 万人，贫困发生率从 97.5% 下降为 10.2%。概言之，中国人民已实现了由相对贫穷到相对富裕的改变，中国的发展实现了质的飞跃。

同时，"富起来"也让中国有了更强的底气和实力，也为实现中华民族伟大复兴的中国梦夯实了基础。正如党的十九大报告所指出，经过多年努力，中国特色社会主义进入了新时代，这是我国发展新的历史方位。中国特色社会主义进入新时代，意味着近代以来久经磨难的中华民族迎来了从站起来、富起来到强起来的伟大飞跃，迎来了实现中华民族伟大复兴的光明前景。

新时代，是承前启后、继往开来、在新的历史条件下继续夺取中国特色社会主义伟大胜利的时代，是决胜全面建成小康社会、进而全面建设社会主义现代化强国的时代，是全国各族人民团结奋斗、不断创造美好生活、逐步实现全体人民共同富裕的时代，是全体中华儿女勠力同心、奋力实现中华民族伟大复兴中国梦的时代，是我国日益走近世界舞台中央、不断为人类作出更大贡献的时代。

（三）新时代中国"强起来"的五大表现

党的十八大以来，我们党着眼于全面建成小康社会、实现社会主义现代化和中华民族伟大复兴，以强烈的历史使命感和问题意识前瞻性谋划未来，统筹推进"五位一体"总体布局、协调推进"四个全面"发展战略，抓住改革发展稳定的关键，进一步确立了新形势下党和国家各项工作的顶层设计、战略方向，坚定走生产发展、生活富裕、生态良好的文明发展道路，为全球生态安全作出"中国贡献"，充分体现了当代中国的全局视野和战略眼光。

作为世界第二大经济体，中国"形成了世界上人口最多的中等收入群体"[8]，2017年对世界经济增长的贡献率达到30%左右，成为世界经济增长的重要引擎。经过改革开放四十年发展不断积累的物质基础，也为中国培育新动力、拓展新空间夯实了基础，有力地推动我国不断朝着更高质量、更有效率、更加公平、更可持续的方向前进，标志着中国经济进入由"高速增长"转向"高质量发展"的新时代。新时代中国"强起来"有五大表现：

一是中国经济实现了从量变到质变，成为全球经济的主要贡献者。5年来，中国经济实力更强，后劲更足。2013—2016年，我国国内生产总值年均增长 7.2%，高于同期世界 2.6% 和发展中经济体 4% 的平均增长水平[9]，在保持中高增长同时保证了价格稳定，CPI 年均上涨 2.0%。国际货币基金组织数据显示，"近5年来，中国对全球经济增长的贡献率约达 35%"。国家统计局数据显示，2016年中国国内生产总值折合 11.2 万亿美元，占世界经济总量的 14.8%，比 2012 年提高 3.4 个百分点，稳居世界第二位。党的十八大以来，中国对世界经济增长的平均贡献率达到 30% 左右，超过美国、欧元区和日本贡献率的总和，居世界第一位。[10] 2016 年中国居民恩格尔系数为 30.1%，接近富足标准。[11]

二是中国日益走近世界舞台中央，整体形象不断提升。党的十八大以来中国的主场外交，对中国提升国际形象起到了很好作用。2018 年 1 月 5 日，中国外文局对外传播研究中心联合调查机构发布《中国国家形象全球调查报告 2016—2017》。该报告显示："中国在全球治理中的角色正日益被认可；中国的模式和道路正获得越来越多的点赞；中国正以既古老又日新月异的姿态，赢得越来越多海外公众的好感与探索意愿。"5 年来举办了亚信峰会、APEC 领导人会议、

"9·3"阅兵、G20杭州峰会、"一带一路"国际合作高峰论坛、厦门金砖会晤、博鳌亚洲论坛、中非论坛、中拉论坛、世界互联网大会、中国共产党与世界对话会等高规格活动。这些活动展示了中国经济实力，表达了中国理念，发出了中国声音，彰显了中国智慧。

三是中国共产党走到了世界前列，成为各国政党学习的榜样。中国共产党的领导力、感召力来自于党带领中国从富到强的艰辛历程和伟大成就，是历史的选择、人民的选择。在近百年的奋斗史中，中国共产党既带领中国人民获得了民族独立和人民解放，实现了国家富强和人民富裕，又经受了严酷的外部挑战，抵御了政治、军事、经济和意识形态的种种渗透干预。2017年11月30日至12月3日，中国共产党在北京举办了全球政党大会——中国共产党与世界政党高层对话会。这是迄今为止世界上最大的党际交流平台，来自世界各国的300个政党和政治组织的领导人参与。此次大会的召开，进一步体现了十八大以后中国共产党强大的号召力与开放胸襟，向全世界展示了中国共产党的先进性。

四是发力导向世界健康发展，中国方案体现大国担当。党的十八大以来，中国在全球治理上颇有建树。"一带一路"倡议是中国向全球提供的公共产品，将造福于沿线60多个国家。在气候问题上，中国积极推进《巴黎气候变化协定》。2017年11月1日，中国气候传播项目中心在北京发布《2017年中国公众气候变化与气候传播认知状况调研报告》显示："中国公众的气候变化认知度保持高水平，94%受访者支持中国落实《巴黎协定》，96.8%的受访者支持中国政府开展应对气候变化国际合作。"[12] 相较美国宣布退出《巴黎协定》，中国在减排上的表现要积极主动得多，尽显大国担当。2017年10月31日，国家发改委发布的《中国应对气候变化的政策与行动2017年度报告》显示，中国在能源、农林业、工业、交通运输业和建筑业等领域绿色低碳改革取得一些成绩，为发展中国家应对气候变化提供支持。"为小岛屿国家、最不发达国家、非洲国家及其他发展中国家提供了实物及设备援助，对其参与气候变化国际谈判、政策规划、人员培训等方面提供大力支持，并启动在发展中国家开展10个低碳示范区、100个减缓和适应气候变化项目及1000个应对气候变化培训名额的合作项目。"[13]

五是人民的生活水平不断提升，形成了世界上人口最多的中等收入群体。党的十八大以来中国创下减贫最好成绩。2012年底中国有贫困人口9899万，2012—2017年贫困人口减少了5564万人，贫困发生率从10.2%下降为4.5%。2016年我国有28个贫困县脱贫摘帽，2017年将有100个左右贫困县脱贫摘帽。从2014年起，我国将每年10月17日设立为"扶贫日"。人民的生活水平有了不断提高，人均收入持续增长，城镇居民平均每百户拥有的汽车、摩托车、电视机、洗衣机等耐用品消费品数量不断增加。2017年1月7日中国社科院社会政法学部、中国社科院国家治理研究智库发布的《中等收入群体的分布与扩大中等收入群体的战略选择》报告数据显示，中国约有4.5亿人口属于中等收入家庭，6亿人口属于中等收入以上家庭[14]。国家统计局综合司副司长毛盛勇提出，即使在保守测算的情况下，我国中等收入群体已超过 3 亿人，大致占全球中等收入群体的 30% 以上。这一数据与瑞士信贷研究中心发布的结果基本一致。[15]

纵观中华人民共和国成立以来历史，以毛泽东同志为核心的党的第一代中央领导集体带领全国各族人民确立了社会主义基本制度，为中国富起来夯实了政治基础和制度基础。以邓小平同志为核心的党的第二代中央领导集体带领全国开创了改革开放的伟大事业，成功地走出了一条建设有中国特色社会主义的新道路。江泽民、胡锦涛接棒带领全党全国人民继承、发展，逐步实现中国富起来的目标。党的十八大以来，以习近平同志为核心的党中央带领全国各族人民站到了新的历史起点上，努力实现从富起来走向强起来。坚持发展是执政兴国第一要务，坚持改革开放是当代中国社会进步的必由之路，坚持中国特色社会主义道路，用 40 年的时间走完了西方发达国家几百年走过的历程，实现从一穷二白到建立现代工业体系和国民经济体系的伟大历史性跨越，实现从物资极度匮乏、产业百废待兴到成为世界经济增长引擎、全球制造基地的伟大历史性跨越，实现从贫穷落后到阔步走向繁荣富强的伟大历史性跨越。历史总是以超出人们想象的大跨越和大步伐，对中国共产党领导中国人民走出的中国道路作出了最生动的诠释。中国改革开放 40 年取得的发展成就，带给中国的是一场千年未有的大变局，带给世界的却是历史坐标的大翻转。中国卓越的历史性成就，中国特色社会主义将中国的现代化发展带入新的历史方位，站上新的历史起点。

二、中国强起来面临的若干重大挑战

在中国已经"富起来"并初步走进"强起来"的新时代以后，我们也面临一系列亟待解决的问题，发展不平衡不充分的问题尤其突出：经济发展的质量和效益还不高，创新能力不够强，实体经济水平有待提高，生态环境保护任重道远；民生领域还有不少短板，脱贫攻坚任务艰巨，城乡区域发展和收入分配差距依然较大，群众在就业、教育、医疗、居住、养老等方面面临不少难题；社会文明水平尚需提高；社会矛盾和问题交织叠加，全面依法治国任务依然繁重，国家治理体系和治理能力有待加强；意识形态领域斗争依然复杂，国家安全面临新情况；一些改革部署和重大政策措施需要进一步落实；党的建设方面还存在不少薄弱环节。这些问题，必须在"强起来"的进一步历史征程当中着力加以解决。到 21 世纪中叶，中国的物质文明、政治文明、精神文明、社会文明、生态文明必然全方位提升，中国届时作为社会主义现代化强国将达到一个新的历史高度。

（一）经济实力大而不强

中国经济"大而不强"的特征明显。"大"体现在经济体量上。与经济体量相关的几个指标，中国的世界排名都很靠前。例如，2015 年中国国内生产总值占世界的比重为 14.8%，世界排名第二；

货物进出口贸易总额占世界的比重为 11.9%，世界排名第一；外商直接投资占世界的比重为 7.7%，世界排名第三；外汇储备占世界的比重为 30.6%，世界排名第一。[16] 中国工业主要产品产量的世界排名也很靠前，如粗钢、煤、水泥、棉布产量的世界排名都是第一。"不强"体现在劳动生产率、全球竞争力和经济的人均指标上。中国制造业的劳动生产率仅是发达经济体的四分之一，农业劳动生产率不足发达经济体的五分之一[17]。世界经济论坛发布的《全球竞争力报告 2015—2016》显示，中国在世界主要国家和地区的排名为第28 位。2016 年，中国人均 GDP 为 8123 美元，仅是世界平均水平的80%，美国的 14.1%。人均 GDP 指标远低于发达国家（见表 1）。

表 1　人均国内生产总值

单位：美元

国家或地区	2000 年	2005 年	2010 年	2014 年	2015 年	2016 年
世　界	5483	7271	9509	10864	10143	10164
中　国	959	1753	4561	7684	8069	8123
日　本	38532	37218	44508	38096	34474	38894
韩　国	11948	18640	22087	27811	27105	27539
新加坡	23793	29870	46570	56336	53630	52961
加拿大	24124	36190	47447	50440	43316	42158
美　国	36450	44308	48374	54599	56207	57467
法　国	22466	34880	40703	42955	36527	36855
德　国	23719	34697	41786	47903	41177	41936
俄罗斯	1772	5323	10675	14126	9329	8748
英　国	27770	41524	38710	46412	43930	39899
澳大利亚	21691	34017	51874	62215	56554	49928

资料来源：世界银行 WDI 数据库。

根据经济学家、专业机构预测，中国经济体量将在 2030 年左右超过美国，成为世界第一大经济体，但中国的人均 GDP 在 2050 年仅能达到美国的 70%。进一步说，中国经济大的特征会更加突出，但人均指标与西方发达国家的差距仍旧较大。"大而不强"的特征未来一段时间可能还会持续甚至出现加剧。相关预测见表 2。

表 2　中国经济发展预测

预　测　结　论	预测机构（专家）
2030 年以汇率计算的中国 GDP 将达到 26.5 万亿美元，届时美国 GDP 为 23.5 万亿美元，中国超越美国成为世界第一大经济体。	普华永道
中国人均 GDP 在 2035 年将达到美国人均 GDP 的 50%，2050 年将达到美国人均 GDP 的 70%，2030 年经济总量是美国两倍左右，2050 年经济总量是美国人的 2.8 倍左右。[18]	清华大学经济管理学院中国与世界经济研究中心主任李稻葵
中国的经济总量将从 2016 年的 11 万亿增加至 2019 年的 14.2 万亿美元，超过欧元区 19 个国家的总和（14 万亿美元）。	国际货币基金组织 (IMF)《10 月份世界经济展望》

资料来源：本书作者整理。

（二）发展速度快但质量不高

改革开放 40 年，中国经济发展进入快车道。1978—2017 年，"中国国内生产总值的年均名义增速高达 14.5%，扣除年均 4.8% 通胀率，年均实际增速仍高达 9.3%"[19]。这个维持了 40 年的高速增长被称之为"中国奇迹"。中国经济增速远高于同一时期世界主要发达国家。就国内生产总值增长率这一指标来说，2015 年国内生产总值增长率的世界水平为 2.5%，美国为 2.4%，德国为 1.7%，日本为

0.5%，中国为 6.9%。中国经济增速快是不争之实。

但是，高速的经济增长伴随着资源过度消耗、环境污染加重、居民收入差距加大等诸多问题。从人均可再生淡水资源来看，中国为 2061.9 立方米，低于世界平均水平 5917.2 立方米，低于高收入国家水平 8733.9 立方米，也低于中等收入国家（5478.5 立方米）和低收入国家（4603.7 立方米）的平均水平。[20] 不仅是资源短缺，我国的污染问题也非常突出。从空气质量来看，中国 PM2.5 的含量位居世界前列。2013 年中国空气中直径不足 2.5 微米的颗粒物含量为 54.4 微克／立方米，比世界平均水平高出 22.9，比印度高 7.7，比美国高 43.7（见表 3）。城市空气的 PM2.5 超标尤为严重。从温室气体

表 3　各国空气中直径不足 2.5 微米的颗粒物含量

单位：微克／立方米

国家或地区	2000 年	2005 年	2010 年	2011 年	2013 年
世　界	26.6	29.2	30.6	30.8	31.5
中　国	44.2	51.0	54.2	54.1	54.4
印　度	33.7	38.7	43.4	44.4	46.7
日　本	18.0	17.6	16.8	16.5	16.0
韩　国	29.4	30.0	29.3	29.2	29.1
加拿大	10.7	11.8	11.9	11.9	12.1
美　国	14.7	13.7	11.8	11.4	10.7
法　国	17.8	16.7	15.0	14.7	14.0
德　国	17.9	17.4	16.0	15.7	15.3
意大利	23.5	21.9	20.1	19.4	18.3
俄罗斯	14.0	15.2	14.3	14.2	14.2
英　国	14.6	12.7	11.4	11.2	10.8

资料来源：《国际统计年鉴 2016》。

排放量来看，2012 年中国百万吨二氧化碳当量为 12454.7，远远高于美国等发达国家，也高于印度等发展中国家（见表 4）。此外，二氧化硫、机动车尾气等污染物排放也处于较高水平。防范环境污染无疑是中国强起来最亟待解决的问题。《中国城市停车政策发展报告 2017》数据显示，2017 年我国机动车保有量超 3 亿，汽车保有量突破 2 亿。机动车数量如此巨大，污染物的排放问题十分严峻。

表 4　温室气体排放量

单位：百万吨二氧化碳当量

国家或地区	2000 年	2005 年	2010 年	2012 年
世　　界	39653.4	46199.7	49708.6	52763.4
中　　国	5082.3	7803.5	11183.8	12454.7
印　　度	1885.2	2117.5	2771.5	3002.9
日　　本	1406.2	1439.9	1350.4	1478.9
韩　　国	512.8	561.4	628.8	669.0
加拿大	760.6	849.8	764.1	1027.1
美　　国	6969.1	7182.8	6713.3	6343.8
法　　国	559.9	557.1	532.1	499.1
德　　国	1016.3	981.3	948.0	951.7
意大利	547.3	564.1	489.5	482.6
俄罗斯	2771.2	2527.2	2603.3	2803.4
英　　国	673.9	659.1	609.6	585.8

资料来源：《国际统计年鉴 2016》。

改革开放以来，中国的收入差距总体呈扩大趋势。1978 年中国基尼系数为 0.16，2012 年达到 0.474。2013—2016 年，中国基尼系数为 0.473、0.469、0.462、0.465，有小幅下降。党的十八大以来，我国城乡居民收入增速超过经济增速，但"城乡居民增收的基础还不够稳固，收入差距拉大的风险仍然存在"[21]。需要注意的是，近年来我国收入差距拉大的特征有了新变化。2017 年 4 月，中国社会科学院农村发展研究所发布的《农村绿皮书：中国农村经济形势分析与预测 (2016—2017)》提出，我国城乡居民的贫富差距在缩小，但"农民之间贫富差距明显拉大"。

（三）抗风险能力亟待提升

中国站到世界舞台的中央，不仅意味着中国拥有更多机遇谋求发展，也意味着中国将面临更大的风险。一是发展的不确定性上升。党的十八大以来，世界上"黑天鹅"事件频发，例如英国脱欧、特朗普当选美国总统、意大利修宪公投、特朗普推出减税法案等，外部环境的动荡考验着中国的应对能力。二是中国自身发展的风险加大。首先是金融风险，这已成为近几年政府去杠杆中最为关注的问题。其次是地方政府债务规模快速扩张，政府性债务风险加重。2013 年中央经济会议把化解地方政府债务风险作为政府的重要工作。再次，从中长期来看中国经济转型面临的风险较大，必须尽早明确转型方向，以新的经济增长方式替代老的增长方式来保持持久动力，实现动力变革、效率变革和质量变革。在探索新的发展模式过程中，实现高质量发展和创新发展，必然面临着发展的压力和不确定性风险。三是对外开放的风险加大。如金融开放会增加外部风险的传递速度，加大金融监管难度，危及金融安全。美国贸易保护主义抬头，意味着全球贸易体系面临大变革。企业在跨国经营中面临着恐怖主义风险，以及对他国政策、文化不了解而产生的隐匿信息风险，等等。四是地缘政治风险更为复杂严峻。地缘政治风险的表现形式越发多样，政治、社会、经济、外交、宗教和环境等多因素参与其中，加剧了风险爆发的可能性。具体地说，我国企业在走向"一带一路"的过程中，存在海外投资产业结构的脆弱性，海外投资以国企为主体的脆弱性[22]。五是夺取对新兴技术的主导地位成为大国之间的主要竞争，科技领域的分割带来市场和安全方面的多重风险。

风险增加了发展的不确定性。党的十八大以来，中国把经济发展的主基调定位在"稳"。这个"稳"既包含经济增速的平稳，又包含稳定的就业、稳定的物价、稳定的社会环境。2017年中央经济会议再次明确我国经济发展要坚持"稳中求进，保持战略定力、坚持底线思维，一步一个脚印向前迈进"[23]。在稳的基础上"求进"，使"稳"与"进"保持辩证统一。为了求稳，就要防范风险，提升抗风险能力成为工作的核心。习近平强调："我们既要有防范风险的先手，也要有应对和化解风险挑战的高招；既要打好防范和抵御风险的有准备之战，也要打好化险为夷、转危为机的战略主动战。"党的十八大以来，我国在风险防控上国家采取了一些措施。如2013年成立了中央国家安全委员会。"国安委"是中共中央关于国家安全工作的决策和议事协调机构，统筹协调涉及国家安全的重大事项和重要工作。2016年国务院办公厅印发《地方政府性债务风险应急处置预案》，一些地区制定了政府性债务风险应急处置预案，严守区域性系统性风险的底线。2017 年中央经济会议强调，"打好防范化解重大风险攻坚战，重点是防控金融风险，要使宏观杠杆率得到有效控制，金融服务实体经济能力明显增强，系统性风险得到有效防控"。这些措施对提升国家防控风险的能力起到了一些作用，但能否达成制度设计的预期目标，提高中国保障国家安全、公共安全、金融安全以及处理突发事件的能力，仍需实践检验。

三、习近平新时代中国特色社会主义思想
指导破解发展不平衡问题

党的十九大立足时代和全局高度，着眼中国特色社会主义伟大事业长远发展，我国郑重提出习近平新时代中国特色社会主义思想，并把这一思想确立为我们党的指导思想，实现了党的指导思想的又一次与时俱进。习近平新时代中国特色社会主义思想，不仅领航中国的繁荣发展，也为解决人类问题提供中国方案和中国智慧。当前中国特色社会主义的发展不平衡主要表现在三个方面：一是领域之间发展不平衡；二是区域与区域之间发展不平衡；三是群体与群体之间发展不平衡。习近平新时代中国特色社会主义思想指导破解不平衡问题，也相应从这三个方面入手，即以均衡发展解决领域失衡，以协调发展解决区域失衡，以全面发展解决群体失衡。

（一）以均衡发展解决领域之间的发展不平衡

领域之间发展不平衡主要表现为三点：一是经济领域发展快，但文化、政治领域发展滞后。当前中国文化受到西方文化同化、资本文化物化、主流文化虚化、宗教矛盾泛化等诸多挑战，一些领域文化自信不强。如在经济学研究上，中国做了西方多年的学生，学者习惯于用西方经济学理论来套用中国发展实际，表现出文化上的集体无意识。文化不自信还表现在中国的传统节日遇冷，教材西化、建筑洋化，以及科研工作者发论文膜拜国外期刊，组织会议"迷信"外国专家等等。在政治领域，西方敌对势力从未放弃颠覆我国政权的目的，社会主义制度被西方诟病，中国也一直被自由主义"骚扰"。西方企图通过宣传所谓的"普世价值"，造成人民对党的领导的"反抗"。尽管中国有博大精深的优秀传统文化，有鲜明独特、奋发向上的传统文化，还有承前启后、继往开来的社会主义先进文化，但中国人民对社会主义制度、文化的不自信使得敌对势力有机可乘。

二是物质文明领域发展相对快，但精神文明领域发展相对滞后。中国富起来以后，精神领域的问题开始凸显。劣货假货、电信诈骗、道德失范、诚信缺失的问题较为常见，攀比、摆阔、浪费等现象时有发生。例如，精致的利己主义成为一部分人的价值观，奉献精神、家国情怀主流意识受到冲击，侮辱诽谤英雄烈士的事件时有发生。精神的匮乏与物质的丰裕形成极大的反差。对精神文明与物质文明的认识，习近平在《之江新语》中有如下阐述："物质文明的发展会

21

对精神文明的发展提出更高的要求，同时精神文明的发展又会成为物质文明建设的动力，尤其是经济的多元化会带来文化生活的多样化，只有把精神文明建设好，才能满足人民群众多样化的精神文化生活需求。"[24] 习近平在党的十九大报告中强调，"我们要创造更多物质财富和精神财富以满足人民日益增长的美好生活需要"。在物质文明丰盛的当下，如何又好又快地建设精神文明，满足人民精神领域的追求，成为我国当下发展中亟待解决的问题。

三是民生领域还存在着不少短板。党的十九大报告提出，我国"民生领域还有不少短板"。由市场力量和社会力量共建形成的多层次的社会保障体系既不完善又不发达，看病难、读书难、住房难成为人们最关心的问题。2016 年我国卫生总费用[25] 7000 亿美元，占 GDP 的比重为 6.2%，低于高收入国家平均水平 12.3%。农村基层医疗机构的基础设施、技术水平、医疗器械不能和城市相比，农村居民到城市看病的现象十分普遍。"养老保险虽已全面覆盖，但保障水平起点低，可领取金额较少。"[26] 学生在小升初、初升高、高升大，这三个学习阶段的晋升中面临巨大竞争压力，优势教育资源匮乏的问题一直都存在。为此，党的十九大明确提出"努力让每个孩子都能享有公平而有质量的教育"[27]。针对住房的问题，党的十九大明确提出，"加快建立多主体供给、多渠道保障、租购并举的住房制度，让全体人民住有所居"[28]。

各领域内部也存在结构性发展不平衡问题。例如经济领域，《中国工业经济运行分析年度报告 (2016—2017)》指出，中国的经济运行中存在诸多失衡问题：一是国内投资与国外投资的失衡；二是国有投资与民间投资的失衡；三是实体经济与虚拟经济的失衡。[29]这三种不同层次、不同类别，涉及微观、中观和宏观层面的失衡加剧了经济领域运行的困难和失衡状态。此外，经济领域内的不平衡还体现在国有企业与民营企业、小微企业发展不平衡，等等。又如教育领域，当前困扰我国教育的问题不是财政投入不足，而是优质教育资源的配置不均衡。经济发达地区、大城市的优质教育资源集中，贫困地区、农村地区、老少边穷地区的优质教育资源匮乏。比较而言，公办学校的资源较多，民办学校的资源较少。由表5可知我国31省市各级学校的生师比情况。2016年，吉林地区普通小学的生师比11.53，江西地区19.29；北京地区初中的生师比8.02，江西地区15.08。生师比越小越有利于提升教育质量，相较其他地区，江西提升教育质量的难度就较大。

表5　分地区各级学校生师比（2016 年）

地　区	普通小学	初　中	普通高中	中等职业学校	普通高校
北　京	14.05	8.02	7.75	12.84	14.97
天　津	15.19	9.63	10.00	15.65	17.69
河　北	17.66	13.59	13.61	14.67	16.90
山　西	13.24	9.92	11.90	13.27	18.13
内蒙古	13.47	10.73	12.89	14.72	17.37
辽　宁	14.16	9.89	12.35	15.51	16.82
吉　林	11.53	9.34	13.81	8.93	17.05
黑龙江	12.05	9.99	12.99	15.32	15.20

续表

地　区	普通小学	初　中	普通高中	中等职业学校	普通高校
上　海	14.79	10.85	8.93	13.61	16.11
江　苏	18.06	11.04	10.01	15.66	15.34
浙　江	17.75	12.34	11.26	15.55	15.26
安　徽	17.90	12.79	14.31	27.31	18.44
福　建	18.00	11.69	12.59	22.74	15.79
江　西	19.29	15.08	17.20	26.80	17.29
山　东	16.91	11.79	12.84	16.79	17.98
河　南	19.08	14.52	16.93	20.20	18.02
湖　北	17.13	10.95	12.70	18.18	16.84
湖　南	19.78	13.29	15.36	25.80	17.75
广　东	18.60	12.61	13.02	23.80	17.82
广　西	19.41	16.10	17.22	33.69	17.78
海　南	16.18	12.51	13.28	25.87	18.62
重　庆	17.05	12.82	15.21	21.04	17.16
四　川	17.48	12.34	15.04	23.59	17.84
贵　州	17.93	14.88	16.28	31.10	18.02
云　南	16.59	14.81	14.96	22.67	18.80
西　藏	14.37	11.96	11.41	14.02	15.35
陕　西	15.48	10.31	13.63	17.96	17.35
甘　肃	12.91	10.64	13.38	13.71	17.28
青　海	17.34	12.86	13.48	30.14	15.26
宁　夏	17.09	13.92	14.29	29.24	17.07
新　疆	14.75	10.54	13.10	24.29	17.40

资料来源：《中国统计年鉴 2017》。

习近平强调以均衡发展解决领域之间的不平衡，将政治建设、文化建设、社会建设、生态建设与经济建设同步纳入中国特色社会主义事业的总体布局，"五位一体"是当代中国马克思主义与时俱进的生动体现，是习近平均衡发展思想的具体表现。2013 年 3 月，参加金砖国家领导人第五次会晤时习近平提到，为了实现"两个一百年"的奋斗目标，要"全面推进经济建设、政治建设、文化建设、社会建设、生态文明建设，促进现代化建设各个方面、各个环节相协调，建设美丽中国"。[30] 2015 年 12 月，习近平在全国政协新年茶话会上，从经济平稳而中高速增长、反腐工作不断推进、重点改革任务基本完成、生态环境保护力度加大这些角度阐述了我国推动经济建设、政治建设、文化建设、社会建设、生态文明建设取得新进步。

推进各领域均衡发展的关键和重点是要把政治建设、文化建设、社会建设、生态文明建设放到与经济建设同等重要的位置，统筹推进"五位一体"总体布局，保证"五位"均衡发展并形成系统的、有序的格局，让"五位一体"总体布局在全面深化改革中得以全方位体现。1987 年 3 月，邓小平会见喀麦隆总统比亚时指出，评价一个国家的政治体制、政治结构是否正确，可以从国家政局的稳定性，人民生活的优越性，生产力发展的可持续性来看。[31] 党的十八大以来，我们党加大反腐力度，"打老虎、拍苍蝇"成为常态，"全面从严治党"推动政治生态明显改善。党的十九大提出"坚持党的领导、人民当家作主、依法治国有机统一"，"深化依法中国实践"，

"深化机构和行政体制改革"等，成为政治建设的重要工作，推进了国家稳定、社会和谐、经济繁荣。

文化建设关系到中华民族的伟大复兴。2014年10月，习近平同志在文艺工作座谈会上指出："没有先进文化的积极引领，没有人民精神世界的极大丰富，没有民族精神力量的不断增强，一个国家、一个民族不可能屹立于世界民族之林。"[32]在文化建设方面，党的十九大明确提出，从2020到2035年，我国"社会文明程度达到新的高度，国家文化软实力显著增强，中华文化影响更加广泛深入"；从2035—2050年，我国精神文明将全面提升。全社会自觉践行社会主义核心价值观，国民素质显著提高，建成文明的社会主义现代化强国。

社会建设关系到人民的生活的方方面面，其建设过程贯穿着人民至上、民生为要的价值导向。在社会建设领域，我们党强调民生改善。党的十八大以来，我们党通过推进就业、安居、教育、医疗等领域的基本公共服务均等化，解决多领域发展的不均衡问题。在社会建设上，习近平的重要阐述有："社会政策要托底，就是要守住民生底线"[33]；"增加公共产品和服务供给，着力提高供给体系质量和效益，更好满足人民需要"[34]。

党的十八大将生态文明建设纳入到中国特色社会主义事业的总体布局，将其与经济建设、政治建设、文化建设、社会建设并列，凸显了生态文明建设的战略地位。党的十八大以来，中国颁布实施了《大气污染防治行动计划》和《水污染防治行动计划》，出台了

《中华人民共和国环境保护法》，环保部对有严重污染的城市市长进行约谈。从法律法规到提高人民的环保意识，我国生态环境改善的态势正在显现。

五位一体总体布局，紧扣我国社会主要矛盾变化，统筹推进经济建设、政治建设、文化建设、社会建设、生态文明建设步步"合拍"全面建成小康社会的时代进程，形成经济富裕、政治民主、文化繁荣、社会公平、生态良好的发展格局，协同推进人民富裕、国家强盛，突出抓重点、补短板、强弱项，特别是坚决打好防范化解重大风险、精准脱贫、污染防治的攻坚战，使全面建成小康社会得到人民认可、经得起历史检验。

（二）以协调发展解决区域之间的发展不平衡

区域与区域之间发展不平衡主要表现为四点。一是城市与农村之间发展不平衡。城乡不平衡首先表现在城乡居民人均收入差距上。2015 年城镇居民人均可支配收入 31790 元，农村居民人均纯收入 10772 元。[35] 其次，是在城乡基本公共服务供给上。比如从事基础教育的教师、从事医疗卫生的医生，在这些软指标上城乡的差距非常大。2016 年，我国每千人口卫生技术人员，城市是 10.79 人，农村是 4.04 人；每千人口执业（助理）医师，城市是 3.92 人，农村是 1.59 人；每千人口注册护士，城市是 4.91 人，农村是 1.49 人。再次，城乡之间的不平衡在道路交通基础设施上表现也非常突出。二是省区发展不平衡。以 2016 年为例，全国 31 省市中，发展好的地区人均地区生产总值已超过 110000 元,欠发达地区有的还不到 30000 元。发展最好的地区的这一指标是最差地区的 4 倍多。各地区基础教育的生师比存在较大差距,如北京的初中生师比为 8.02,广西为 16,广西是北京的 2 倍。医疗卫生发展也存在不均衡。2016年"每千人口卫生技术人员"这一指标,北京是 10.77,上海是7.36,河北、黑龙江等地区的指标在 5—6 之间,安徽、江西等地区的指标在 4—5 之间。三是东部、中部、西部和东北部发展不平衡。拿居民人均可支配收入来说,2016 年东部地区为 30654.7 元,西部只有 18406.8 元,东部地区是西部地区的 1.66 倍(见表 6)。四是城市群之间发展不平衡。《中国城市群发展报告 2016》明确提出:"我国城市群发展的层级分化日趋固化,区域发展不均衡问题并未出现明显好转,各自的劣势和问题在短期内也难以从根本上解决。"[36]

表 6　居民人均可支配收入

单位:元

	2013 年	2014 年	2015 年	2016 年
东部地区	23658.4	25954.0	28223.3	30654.7
中部地区	15263.9	16867.7	18442.1	20006.2
西部地区	13919.0	15376.1	16868.1	18406.8
东北地区	17893.1	19604.4	21008.4	22351.5

数据来源:《中国统计年鉴 2017》。

习近平强调以协调发展解决区域之间的不平衡,表现在三个方面:

首先,在党的十八大报告中把"区域协调发展机制基本形成"

确定为经济持续健康发展的内涵。在党的十九大报告中将"区域发展协调性增强"作为过去 5 年我国经济发展的成绩之一。显而易见，这是将区域协调发展作为增强区域发展协同性的重要途径和重要成果。

其次，在党的十九大报告中明确提出"实施区域协调发展战略"，针对不同类型的区域，提出协调发展方向。如针对老少边穷地区提出"支持革命老区、民族地区、边疆地区、贫困地区加快发展"。针对四大区域（中部、东部、西部和东北部）提出"强化举措推进西部大开发形成新格局，深化改革加快东北等老工业基地振兴，发挥优势推动中部地区崛起，创新引领率先实现东部地区优化发展"。针对大中小城市和小城镇提出构建"大中小城市和小城镇协调发展的城镇格局"。

第三，在党的十九大报告中针对城乡发展的不平衡问题，习近平提出"乡村振兴战略"，将"城乡区域发展差距和居民生活水平差距显著缩小"作为基本实现社会主义现代化的目标之一。从当前发展来看，难点仍在城乡，但城乡不均衡出现新特征、新变化。城乡不平衡的主要表现在城市与乡村，但农村与农村不平衡的问题也较为突出，"百亿村"和"空壳村"形成强烈反差。实施乡村振兴战略是习近平以协调发展解决区域之间的不平衡的重大战略举措。该战略强调促进城乡融合发展，"建立健全城乡融合发展体制机制和政策体系"，推进农业农村现代化，衔接"小农户与现代农业"；强调农村基本经营制度的巩固与完善，深化土地制度改革、农村深化集体产权制度改革；强调农村三次产业的融合发展。

第四，实施区域协调发展战略是通过拓展区域发展的新空间，来解决区域发展不平衡问题。随着我国高速铁路网和通信网不断建设完善，区域间互联互通的条件前所未有地改善，在整体上形成了纵横交错的新格局。城镇化的深入使得城市与城市的关系发生变化，城市群、大都市圈、小城镇规模不同、定位有别，分工有异，相互帮衬形成联动的经济体。区域一体化、经济一体化更大范围的延展，不仅带动区域之间地理空间关系的变化，更带动区域之间经济空间关系的变化。与此同时，水域治理、空气治理所需的协同性也强化了区域治理的同步性。"实施区域协调发展战略，将区域、城乡、陆海等不同类型、不同功能的区域纳入国家战略层面统筹规划、整体部署，这对于优化空间结构、拓展区域发展新空间具有重大战略意义。"[37]

（三）以全面发展解决群体之间的发展不平衡

群体与群体之间发展不平衡主要是指不同群体在共享发展成果上存在差距，表现在四个方面：一是城市居民和农村居民发展不平衡，特别在收入、教育、医疗方面。从收入来看，我国城乡居民收入比较高，保持在3:1左右。二是低收入群体（贫困人口）与高收入群体之间发展不平衡。2016年我国高收入户的人均可支配收入为59259.5元，低收入户的人均可支配收入为5528.7元，高收入户的人均收入为低收入户的10倍多（见表7）。中国"底端25%的家庭拥有的财产总量不足 1%，而顶端 1% 的家庭拥有全国近三分之一的财产"。[38] 三是农民工群体、弱势群体与其他群体的发展不平衡。以工资增速为例。根据《2016 年度人力资源和社会保障事业发展统计公报》，我国城镇非私营单位、城镇私营单位就业人员年平均工资增速分别为 8.9%、8.2%，外出农民工人均月收入水平增速为 6.6%。在工资水平低于城镇就业人员前提下，农民工的工资增速更低，这必然会加大农民工与其他群体的工资差距。另外，近年来去产能大的产业以及贸易公司、大型商场等经营困难企业的员工，也都面临着增收缓慢的问题。

表 7　全国居民按收入五等份分组的人均可支配收入

单位：元

组　　别	2013 年	2014 年	2015 年	2016 年
低收入户	4402.4	4747.3	5221.2	5528.7
中等偏下户	9653.7	10887.4	11894.0	12898.9
中等收入户	15698.0	17631.0	19320.1	20924.4
中等偏上户	24361.2	26937.4	29437.6	31990.4
高收入户	47456.6	50968.0	54543.5	59259.5

数据来源：《中国统计年鉴 2017》。

习近平强调以全面发展来解决群体之间的不平衡，表现在扶贫工作、人的全面发展、全民共享和共同富裕三个方面。

首先，以扶贫补短板，减小群体发展差距。党的十八大明确把"收入分配差距缩小，中等收入群体持续扩大，扶贫对象大幅减少"作为衡量人民生活水平全面提高的内容。党的十九大明确提出"让贫困人口和贫困地区同全国一道进入全面小康社会是我们党的庄严承诺"，要坚决打赢脱贫攻坚战，确保 2020 年我国农村贫困人口实现脱贫。习近平强调扶贫工作的社会性、整体性和系统性，广泛动员社会各方面力量参与脱贫攻坚。"脱贫致富不仅仅是贫困地区的事，也是全社会的事。"[39] 在扶贫问题上，习近平强调区域之间的协作关系。2016 年 7 月 20 日，习近平在宁夏银川主持召开东西部扶贫协作座谈会时指出："东西部扶贫协作和对口支援，是推动区域协调发展、协同发展、共同发展的大战略，是加强区域合作、优化产业布局、拓展对内对外开放新空间的大布局，是实现先富帮后富、最终实现共同富裕目标的大举措。"[40] 我国扶贫补短的基本思路是，通过健全东部、西部协作，建立定点扶贫机制，实现扶贫工作由浅入深、由深至精，解决弱势群体贫困，解决区域性整体贫困，缩小群体之间的差距。

其次，以共享促公平，深化收入分配制度改革。党的十九大强调，发展成果共享，要公平惠及全民，"保证全体人民在共建共享发展中有更多获得感"。落实共享，既要做大蛋糕，又要分好蛋糕，推进分配制度改革，促进效率又体现公平。2013 年国务院批转的《关于深化收入书分配制度改革的若干意见》指出，"收入分配制度是经济社会发展中一项带有根本性、基础性的制度安排，是社会主义市场经济体制的重要基石"。深化收入制度改革需要继续完善初次分配机制、加快健全再分配调节机制、建立健全促进居民增收的机制、推动形成公开透明、公正合理的收入分配秩序。

共同富裕是共享的"果"，是在共享的基础上强化共富的目标，是坚持以人民为中心的发展理念，保证发展方向和发展质量的重大选择。对共同富裕，习近平认为虽然道路漫长，但不能无所作为，"要根据现有条件把能做的事情尽量做起来，积小胜为大胜，不断朝着全体人民共同富裕的目标前进"[41]。党的十九大将共同富裕确定为实现社会主义现代化的阶段性目标和总目标，提出在 2020—2035 年期间，"全体人民共同富裕迈出坚实步伐"；在 2035—2050 年期间，"全体人民共同富裕基本实现，我国人民将享有更加幸福安康的生活"。

第三，全面建成覆盖全民的多层次社会保障体系，以基本公共服务均等化减小群体发展差距。倡导基本公共服务均等化源于两大功用，即促进人的全面发展、减小贫富差距。习近平同志在党的十九大报告中指出，要更好推动人的全面发展。我们党"执政兴国，推进科学发展，促进社会进步，在本质上就是要实现人的全面发展"[42]。实现人的全面发展必须保证人民在义务教育、基本就业服务、基本医疗保障、基本生活救助以及基本住房保障方面享有基本一致的公共服务，以起点公平、过程公平、结果公平保证人的全面发展的条件。基本公共服务均等化的过程就是再分配的过程，也是减小贫富差距的过程，是实现人民共同富裕的根本保障。保障基本公共服务就是守住民生底线，基本公共服务体系的建设为社会发展建立了一道安全的防护网。通过全面实施全民参保计划，建立全国统一的社会保险公共服务平台，统筹城乡社会救助体系，完善社会救助、社会福利、慈善事业、优抚安置等制度，为人民生活兜底线，补短板。此外，基本公共服务针对特定人群，是对特定人群特殊困难的精准帮扶，通过对特定人群的针对性帮扶，增强他们的获得感，增强其自身和后代的发展能力。

四、习近平新时代中国特色社会主义思想
指导破解发展不充分问题

中国特色社会主义的发展不充分主要表现在三个方面：一是市场发挥作用不充分；二是高质量的发展不充分；三是主要矛盾缓解不充分。习近平新时代中国特色社会主义思想指导破解不充分问题，也相应从这三个方面入手：从发挥市场在资源配置中的决定性作用来解决市场经济发展不充分问题；从促进高速向高质量转型来解决高质量发展的不充分问题；从满足人民需求升级来解决主要矛盾缓解不充分问题。

（一）发挥市场在资源配置中的决定性作用，解决市场经济发展不充分问题

从市场角度来看，我国经济体制改革主要解决两个问题。第一个问题是解决要不要市场，即实现由计划经济体制向社会主义市场经济体制的转变。第二个问题是解决市场究竟应该发挥多大作用，

即如何处理好市场与政府的关系，构建起科学和完善的宏观调控体系。

党的十四大确立建立社会主义市场体制。改革开放前，我国实施的是计划经济，以苏联为模板。改革开放后，我国开始探索中国特色社会主义之路，经济体制改革的主线条是从"计划经济为主，市场调节为辅"（1978—1984年）到"有计划的商品经济"（1984—1988年），再到"社会主义市场经济"（1989—1992年）。1984年党的十二届三中全会通过《中共中央关于经济体制改革的若干决定》，明确提出中国要"建立自觉运用价值规律的计划体制，发展社会主义商品经济"。此后，党的十三大报告中提出"社会主义有计划商品经济的体制，应该是计划与市场内在统一的体制"，并从所有制基础、指令性计划两个方面进行了阐释，提出计划和市场的作用机制是"国家调节市场，市场引导企业"。1992年邓小平在南方谈话中谈到"两个不等于"，即"计划经济不等于社会主义，资本主义也有计划；市场经济不等于资本主义，社会主义也有市场。计划和市场都是经济手段"。同年，党的十四大报告提出我国经济体制改革的目标建立和完善社会主义市场经济体制。

市场与政府关系问题。在确立了社会主义市场经济体制以后，市场究竟应该发挥多大的作用成为经济体制改革的核心。党的十八届三中全会以前，对市场作用的定位依旧在"基础性"这个点上，强调宏观调控体系的建设。如党的十五大对市场作用的阐述是："市场在资源配置中的基础性作用明显增强，宏观调控体系的框架初步建立。"党的十六大提出："使市场在国家宏观调控下对资源配置起基础性作用。"党的十七大提出："从制度上更好发挥市场在资源配置中的基础性作用，形成有利于科学发展的宏观调控体系。"

党的十八届三中全会以后，对市场的认识有了更高的定位。2013年党的十八届三中全会通过的《中共中央关于全面深化改革若干重大问题的决定》提出："紧紧围绕使市场在资源配置中起决定性作用深化经济体制改革，坚持和完善基本经济制度，加快完善现代市场体系、宏观调控体系、开放型经济体系。"党的十九大在"新时代中国特色社会主义思想和基本方略"中提出，"使市场在资源配置中起决定性作用，更好发挥政府作用"。这一表述取代了十八届三中全会决定中的"使市场在资源配置中起决定性作用和更好发挥政府作用"。一个标点之变，意味着市场在我国经济发展中的作用还需要充分体现，市场与计划、市场与政府的关系还需要进一步协调，进一步宣示了中国坚持社会主义市场经济改革方向的决心和立场。

至于如何协调政府和市场的关系，习近平有更为深入的阐述。2014年习近平在主持十八届中央政治局第十五次集体学习时提出："在市场作用和政府作用的问题上，要讲辩证法、两点论，'看不见的手'和'看得见的手'都要用好，努力形成市场作用和政府作用有机统一、相互补充、相互协调、相互促进的格局，推动经济社会持续健康发展。"[43]从当前来看，协调两者关系需要"大幅度减少政府对资源的直接配置，推动资源配置依据市场规则、市场价格、市场竞争实现效益最大化和效率最优化"[44]。强化政府保持宏观经济稳定的职能，通过"加强和优化公共服务，保障公平竞争，加强市场监管，维护市场秩序，促进共同富裕，弥补市场失灵"[45]。此外，协调政府和市场关系必须明晰两者的边界。党的十八大以来，我们党在取消不必要的行政审批，下放审批权上取得较大的成绩，对协调政府和市场关系起到了一定作用。习近平总书记亲自主持召开数十次深改小组会议，审议通过重点改革文件300多个，出台1500多项改革举措，重要领域和关键环节改革取得突破性进展。

（二）从高速向高质量转型，解决高质量发展的不充分问题

从发展质量来看，我国存在三次产业发展不充分、生态环境保护不充分、发展动力和后劲不充分等问题。

三次产业存在发展不充分的问题。农业发展的基础依旧薄弱，土地资源要么透支，要么匮乏，生态环境严重超载，农业生产率不高，农业废弃物资源利用不充分，农业基础设施建设不充分，防灾、减灾、抗灾的能力不足。工业的高端供给能力不能充分满足人民对美好生活的需求，价值创造能力不能充分适应全球价值链中高端发展的需求，核心技术掌控能力不能充分适应日趋严峻的安全风险的需求。[46]服务业占GDP的比重虽然增大，但现代服务业的发展并不充分，生产性服务业发展也不理想，没有很好推动工业升级换代。必须尽快确立使服务业成为推动农业和工业发展的内生动力。

对生态环境的保护不充分。环境问题往往产生于发展，只有处理好发展与保护的问题，才能走可持续发展的道路。改革开放以来，

一些地区在发展上忽视了环境保护，以牺牲环境为代价实现增长，导致了生态环境恶化、生态环境失衡问题。对城市而言，生态环境保护不充分主要表现在水污染、大气污染、噪声污染加剧，以及生态建设被破坏。对农村而言，生态环境保护不充分主要表现在土壤污染、水体污染、大气污染，等等。土壤、河流、海洋、空气受到不同程度的污染，对人体健康、群众生活造成损害，形成了发展与保护的矛盾冲突。在实际生活中，因环境保护不到位侵害人民群众环境权益的案例时有发生。

发展的动力和后劲不充分。其主要表现为创新能力不强。创新是引领发展的第一动力。经过多年努力，我国科技整体水平有了明显提高，正处在从量的增长向质的提升转变的重要时期，一些重要领域跻身世界先进行列。但是，正如习近平同志所指出的："我国创新能力不强，科技发展水平总体不高，科技对经济社会发展的支撑能力不足，科技对经济增长的贡献率远低于发达国家水平，这是我国这个经济大个头的'阿喀琉斯之踵'。"由于创新性不强，就使得我国一些产业还处于全球价值链的中低端。

针对产业发展不充分问题，党的十九大报告明确提出：建设现代化经济体系，"坚持质量第一、效益优先"，通过深化供给侧结构性改革、实施乡村振兴战略、实施区域协调发展战略、加快完善社会主义市场经济体制，实现经济发展的质量变革、效率变革、动力变革。针对生态环境保护不充分问题，习近平明确提出大力推进生态文明建设。他强调："我们既要绿水青山，也要金山银山。宁要绿水青山，不要金山银山，而且绿水青山就是金山银山。"党的十九大提出着力解决突出环境问题，有针对性地提出了防治方法，如持续实施大气污染防治行动，加快水污染防治，强化土壤污染管控和修复，加强固体废弃物和垃圾处置等。针对发展动力和后劲不足的问题，习近平强调"不创新不行，创新慢了也不行"。在中国科学院考察时他强调，要深化科技体制改革，增强科技创新活力，集中力量推进科技创新，真正把创新驱动发展战略落到实处。[47]此外，党的十九大报告提出明确的改进方向，即通过强化基础研究、应用基础研究，加强国家创新体系建设和倡导创新文化，加快建设创新型国家。需要提及的是，在全面建成小康社会，实现社会主义现代化和中华民族伟大复兴的重要历史节点，以习近平同志为核心的党中央又明确提出了"创新、协调、绿色、开放、共享"的新发展理念，为破解发展难题、突围发展困境、厚植发展优势再次找到突破口，也为中国特色现代化找到了一条新路，极大地拓展了中国特色现代化的现实路径。

（三）满足人民的需求升级，解决主要矛盾缓解不充分问题

不充分的另一个重要特点是，经济社会发展不能充分满足人民日益增长的美好生活需要。人民的美好生活需要既包括有形的物质、无形的精神，还包括充足的闲暇时间。新时代的人民需求有三个升级需要关注。

第一个升级是物质生活需要的升级。一方面，政府要在兜底问

题上做得更好，促进基本公共服务均等化，保证人民共享发展成果。从出生到成长，政府为人民提供更好的教育、就业、医疗、卫生、养老等公共服务，其本质是解决人的发展不充分的问题。另一方面，不断满足人民更高层次的需要。不仅要提供人民所需的生存资料，还要满足那些消除了贫困的家庭、比较富裕的群体的发展资料和享受资料。全球化也带来了全球消费意识，人民对物质生活的需求有了国际化、多元化的趋势。因此不断满足人们消费的个性化需求将成为跨越我国经济社会发展道路上的一大关口。

第二个升级是人民对精神生活的升级。"物质贫乏不是社会主义，精神空虚也不是社会主义。"党的十二大以来，重视精神文明建设成为社会主义建设的重要内容。党的十二届六中全会《关于社会主义精神文明建设指导方针的决议》、十四届六中全会《关于加强社会主义精神文明建设若干重要问题的决议》及十九大报告提出"推动社会主义精神文明和物质文明协调发展"，彰显了精神文明建设的重要性，更体现了人民群众对精神文明的需求升级。要面包也要书本、音乐和花朵，人们对精神生活的追求从未停止。伴随着中国经济实力的不断增大，老百姓的消费能力不断提升，消费升级成为必然趋势。消费升级一方面是提高物质消费水准，另一方面就是从物质消费转向精神消费。为人们提供形式多样、内容丰富、层次有别的文化产品和文化服务，成为文化建设的重要内涵。

第三个升级是人民对自由时间的需求升级。随着财富积累的增加，人民对工作以外的闲暇时间有了更多的期望。马克思在社会化大生产基础上提出自由时间范畴。马克思认为，"时间实际上是人的积极存在，它不仅是人的生命的尺度，而且是人的发展的空间"。[48]科学技术在生产中的广泛应用为人类节省了时间，增加了自由。"节约劳动时间等于增加自由时间，即增加使个人得到充分发展的时间，而个人的充分发展又作为最大的生产力反作用于劳动生产力。"[49]有了更多的自由时间，人类才有了更多的思考空间，才能更好地创新、创造。

针对主要矛盾缓解不充分问题，以习近平同志为核心的党中央始终把人民放在发展的中心位置。习近平在调研、座谈和会议等场合多次强调"发展要以人民为中心"。2014年10月，习近平在文艺工作座谈会提出，"文艺要反映好人民心声，就要坚持为人民服务、为社会主义服务这个根本方向。"[50]2015年11月，习近平在主持中央政治局第二十八次集体学习时强调："要坚持以人民为中心的发展思想，这是马克思主义政治经济学的根本立场。"[51]党的十八届五中全会审议通过的《中共中央关于制定国民经济和社会发展第十三个五年规划的建议》中明确指出，"人民是推动发展的根本力量，实现好、维护好、发展好最广大人民根本利益是发展的根本目的"，要坚持人民主体地位，坚持以人民为中心的发展思想。2017年10月，党的十九大报告将"坚持以人民为中心"作为发展的十四条基本方略之一，强调"把人民对美好生活的向往作为奋斗目标，依靠人民创造历史伟业。"

五、习近平新时代中国特色社会主义思想
指引国家富强新的理念图景

党的十九大把习近平新时代中国特色社会主义思想确立为长期坚持的指导思想，对中国和世界都具有巨大影响，体现在三个方面：一是习近平新时代中国特色社会主义思想对中国和世界经济发展产生指引性作用；二是习近平新时代中国特色社会主义思想以人民为中心是对人民主体地位的深化，是针对当下中国和世界发展存在的普遍问题、应对主要矛盾变化作出的积极回应；三是习近平新时代中国特色社会主义思想为全球各国处理好国家治理和政党关系提供了借鉴。

（一）经济思想的四大突破产生指引性作用

2017 年 12 月 18—20 日，中央经济会议首次提出了"习近平新时代中国特色社会主义经济思想"。习近平新时代中国特色社会主义经济思想，是 5 年来推动我国经济发展实践的理论结晶，是运用马克思主义基本原理对中国特色社会主义政治经济学的理性概括。5 年来，中国直面发展的变化，成功应对危机和难题，内在实力和外在影响力得到极大增强。同时，中国方案和中国经验也为解决全球经济困境提供了积极的启示。

习近平新时代中国特色社会主义经济思想的产生源于中国经济发展的条件、面对的挑战和机遇的变化。有学者提出:"聆听时代的声音,回应时代的呼唤,研究解决所处发展时代的重大而紧迫的问题,是习近平新时代中国特色社会主义经济思想产生的历史脉络。"[52]党的十八大以来,党中央对我国所处的经济形势有几个大的判断,如中国经济发展进入新常态,正在经历"从高速增长转为平稳增长,从规模扩张式发展转为质量效益型发展"两个转变。由此,中央对经济的引导是经济要从高速增长转为中高速增长,要从产业结构、需求层面、城乡结构、居民收入领域进行结构调整,要实现经济发展动力的转换,要由过去的主要依赖要素驱动、投资驱动转向依赖创新驱动。实践充分证明,党中央对经济形势的判断、对经济工作的决策、对发展思路的调整是完全正确的。5 年来,中国经济保持中高速增长,在世界主要国家中名列前茅,国内生产总值从 54 万亿元增长到 80 万亿元,稳居世界第二,对世界经济增长贡献率超过30%。

相比西方主流经济学理论,习近平新时代中国特色社会主义经济思想具有鲜明时代特征与经济学理论贡献。

一是体现在坚持加强党对经济工作的集中统一领导。党对经济工作的领导是建立在"党领导一切"这个基础之上的。办好中国的事情,关键在党。习近平总书记指出,"坚持党的领导,是党和国家的根本所在、命脉所在,是全国各族人民的利益所系、幸福所系。"党政军民学,东西南北中,党是领导一切的。中国特色社会主义现代化建设之所以能取得辉煌成就，最根本的是有中国共产党这个坚强领导核心。正是有了中国特色社会主义事业的坚强领导核心，才能够把全国各族人民紧密团结起来，形成凝聚万众一心、无坚不摧的磅礴力量，才能取得举世瞩目的伟大成就。十八大以来，习近平同志多次强调，"中国特色社会主义最本质的特征是中国共产党领导，中国特色社会主义制度的最大优势是中国共产党领导"[53]。在我国，党的坚强有力领导是政府发挥作用的根本保障，正是有了这一保障，才能成功驾驭我国经济发展大局，保证我国经济沿着正确方向。因此，坚持党对一切工作的领导是经过长期实践证明了的中国特色社会主义伟大事业的政治优势。党的领导作用体现为"集中力量办大事"的制度，体现为总揽全局、同向发力的效率，体现为高度的组织、动员能力，体现为长远的规划、统筹协调、决策和执行能力。

党对经济工作的集中统一领导保持了中国经济运行的稳定性、计划性和可持续性，也具有更好的抗风险作用。这是当代中国发展进步的根本保障，也是中国特色社会主义最本质的特征、最大的优势。新中国成立以来，中国的经济建设，如五年计划制定、工业体系建设、改革开放都是在党的领导下完成的。尽管我们做得不错，但西方发达国家对我们"指手画脚"，使得我们在这个问题上一直没有充分的自信，没有将其作为一个重要的规律提炼出来。习近平新时代中国特色社会主义经济思想把党的领导提出来，这是一个重大的经济学理论创新和突破。西方政党更迭导致政局不稳，缺乏长期规划，是西方发达国家经济发展的难题、瓶颈。在这一点上，中国的经验对这些国家有很好的指导意义。

二是体现在政府与市场关系的处理上。"理论和实践都证明，市场配置资源是最有效率的形式。"[54]党的十八大以后，市场在资源配置中的作用从"基础性"上升为"决定性"。但市场的这个"决定性作用"不是完全市场化，而是要在"更好发挥政府作用"基础上来实现。资源配置有微观、中观和宏观不同层次。微观层面可以运用市场规律，通过价格机制、供求关系变动以及竞争增进效率。但在宏观层面，"需要国家干预、政府管理、计划调节来矫正、约束和补充市场的行为，用'看得见的手'来弥补'看不见的手'的缺陷"[55]。党的十九大将"发挥市场在资源配置中的决定性作用"、"更好发挥政府作用"、"推进供给侧结构性改革"写入党章，为发挥市场作用，预防党员干部特别是政府官员滥用行政权力划定了红线，有利于政府转变职能，抑制腐败行为，从根本上转变经济发展方式。对市场与政府关系的新认识和新实践，是习近平新时代中国特色社会主义经济思想的重要体现，也是对滥觞于20世纪80年代，至今依旧盛行的自由主义的现实批判。

习近平强调，坚持社会主义市场经济的改革方向，既是"经济体制改革的基本遵循，也是全面深化改革的重要依托"[56]。政府和市场关系虽然"主要涉及经济体制改革，但必然会影响到政治、文化、社会、生态文明和党的建设等各个领域"[57]，需要将各种体制都向着建立完善社会主义市场经济体制的方向去推动。他还把政府与市场关系放到不同的应用场景中，提出更为具体的措施。如在城镇化工作中，他提出政府的主要任务是"创造制度环境、编制发展规划、建设基础设施、提供公共服务、加强社会治理等方面的职能"。对待基本公共服务，他提出不能完全依靠市场，要政府帮助。如"城市基础设施和保障性住房都是无利和微利行业，商业效益差，资金回收期长，但社会效益好，需要政策性金融机构提供成本低、期限长的融资服务"[58]。

三是体现在将解决问题的重心放在"不平衡不充分"这个重点上。不平衡、不充分是两个性质不同的问题。"不平衡"强调的是发展的失衡性，以及因为失衡导致的风险，如贫富分化对消费的抑制，基础设施差距导致的"马太效应"（基础设施越好的地区吸引的外来资金越多，越差的地区越少）。"不充分"强调的是发展的度，如发展速度快但质量不高，对自然资源的浪费，对环境缺乏保护，对人们的需求满足不够，等等。

应该说，发展不平衡不充分是发达国家和发展中国家普遍存在的问题，各国只是程度不同而已。在不平衡问题上，发达国家更甚。"资本主义和商品经济固有的矛盾，体现出来的是贫富分化的负效应"[59]，即财富积累的另一面是贫困的积累。市场化也是导致不平衡不充分的一个重要原因。市场化可以让一部分人先富，可以实现经济快速增长，但缺乏国家有效干预，市场失灵就会放大，可持续发展就不能保证，只有通过经济结构的改造和经济发展模式的升级才能走出经济的衰退。发达资本主义国家在世界到处播撒"自由主义"的种子，宣扬市场化的好处，但自己并没有解决好贫富分化、发展不平衡不充分的问题。习近平新时代中国特色社会主义经济思想将不平衡不充分的问题提到台面上，为全球各国经济发展指明解决问题和改进的方法，并在中国实践的基础上提炼出中国经验，为世界各国提供中国方案，这是一个重大的突破。

四是走符合中国国情的现代化。现代化不是西方化，更不是最优的现代化。现代化路径可以有多样化的选择。一国经济发展必须走符合自己国情的道路，中国现代化道路源于中国的国情，植根中国的大地。党的十八大以来，我们党着眼于全面建成小康社会、实现社会主义现代化和中华民族伟大复兴，以强烈的历史使命感和问题意识前瞻性谋划未来，统筹推进"五位一体"总体布局和协调推进"四个全面"战略布局，抓住改革发展稳定的关键，进一步确立了新形势下党和国家各项工作的顶层设计、战略方向，坚定走生产发展、生活富裕、生态良好的文明发展道路，建设美丽中国，立足为全球生态安全作出贡献，充分体现了当代中国的全局视野和战略眼光。现在来看，西方的现代化是单线突进，不是全面的现代化和协调的现代化，所以在现代化过程中总是伴生各种问题。历史事实已经证明：西方现代化模式对于发展中国家的现代化起了误导作用，早期很多发展中国家由于深受西方理论影响，简单化地照搬和复制西方模式，非但没有成功走向现代化，反而饱尝西方模式带来的苦果，导致发展不断退化甚至落入发展"陷阱"，一些国家甚至出现党争纷起、战祸不断、社会动荡。

此外，习近平新时代中国特色社会主义经济思想对世界经济也产生了较好的指导作用。2016 年 9 月 4 日，习近平在二十国集团领导人杭州峰会上提出发展世界经济的五点主张：一是加强宏观经济政策协调，合力促进全球经济增长、维护金融稳定；二是创新发展方式，挖掘增长动能；三是完善全球经济治理，夯实机制保障；四是建设开放型世界经济，继续推动贸易和投资自由化便利化；五是落实 2030 年可持续发展议程，促进包容性发展。这些主张体现了习近平总书记倡导"开门"、"治本"、"稳定"、"可持续"的发展观，是中国经济思想对世界经济的贡献。

（二）以人民为中心是对人民主体地位升华

"以人民为中心"贯穿在习近平新时代中国特色社会主义思想中，反映在党的十八大以来的治国理政理论和实践中。2015 年 10 月，《中共中央关于制定国民经济和社会发展第十三个五年规划的建议》中明确指出，必须坚持以人民为中心的发展思想。此后，在多个场合、多个重要会议中，习近平反复提及以人民为中心的发展思想。

首先，以"人民为中心"体现了发展观的先进性。20 世纪 50 年代以来国际社会发展观经历了四个阶段[60]。第一阶段是 20 世纪 50—70 年代的"传统发展观"，其核心是"发展 ＝ 经济增长"。"传统发展观"反映的是两次世界大战后各国急于改善的需求。战争对生产力造成了巨大破坏，战胜国或是战败国急需通过发展重建国家、复苏经济和改善人民生活。这一时期发展"求快"甚于"求质"是十分明显的特征。第二阶段是 20 世纪 70—80 年代的"社会发展观"。其核心是"发展 = 经济增长 + 社会变革",即发展是经济与社会的协调进步,"发展应是经济增长与社会变迁共同构成的"。[61] 在 1970 年第 25 届联合国大会制定的《第二个发展十年计划（1970—1980）》中明确提出:"发展的最终目的是对收入和财富实行更平等的分配,以促使社会公正生产效率,提高实际就业水平,更大程度地保证收入和改善教育、卫生、营养、住房及社会福利设施以及环境保护。"[62] 第三个阶段是 20 世纪 80—90 年代的"可持续发展观",其核心是"发展 = 经济增长 + 社会变革 + 可持续发展"。该发展观针对发展导致的环境问题、生态问题,以及出于对代际关系的考虑,提出发展必须是有益于当代人和后代人,需要实现经济、社会、生态环境的持续、健康发展。第四个阶段是 20 世纪 90 年代末至今的"以人为中心的发展观",其核心是"发展 = 经济增长 + 社会变革 + 可持续发展 + 以人为中心"。该发展观综合考量经济、社会、环境和人的协调发展,体现了发展主体人化,并以人的发展和改善为核心来衡量发展和现代化。

其次,习近平新时代中国特色社会主义思想中的"以人民为中心"不等于要建设像某些西方发达国家那样的以福利为核心的"共富"社会。以人民为中心的思想,不是简单地学习西方,将福利这个结果变量作为评价人民福祉的唯一指标。西方发达国家的发展观并非以人民为中心,而是围绕人民福利做文章。在政党竞争中不断以福利作为"诱饵"吸引选票，由此导致福利包袱过大，国家发展资金、资源匮乏。以人民为中心的思想，是突出了人民的主体性。人民不是旁观者，而是主导者、建设者、参与者。在此基础上，人民才必然是成果的共享者。自党的十八大以来，习近平同志一贯强调要把人民对美好生活的向往作为奋斗目标，要依靠人民创造历史伟业，人民是历史的创造者，是决定党和国家前途命运的根本力量。主张将人的发展的各个实践领域诸如就业、教育、医疗这些纳入考量指标，在全过程体现人的幸福感、获得感和安全感，强调人民要过上有期待、可展望、愿奋斗的生活。只有当人民的生活与国家、社会的发展同节拍了，人民在国家强大的过程中感受到自己的贡献，人民激发出了建设现代化强国、促进世界和平的自觉行动，这才是真正实现了以人民为中心。

再次，把以人民为中心落实在生产、生活的各个领域和环节。2016年1月，习近平在省部级主要领导干部学习贯彻党的十八届五中全会精神专题研讨班上讲话提出："以人民为中心的发展思想，不是一个抽象的、玄奥的概念，不能只停留在口头上、止步于思想环节，而要体现在经济社会发展各个环节。"人民是历史的创造者，要在社会主义现代化的建设过程中去落实、去贯彻以人民为中心这一发展理念。他提出通过提高经济发展质量，为人民提供更多更好的物质精神产品，满足人民日益增长的物质文化需求。[63] 2014年10月，习近平在文艺工作座谈会上又提出文艺应服务于人民。"以人民为中心，就是要把满足人民精神文化需求作为文艺和文艺工作的出发点和落脚点，把人民作为文艺表现的主体。"[64] 共享理念反映了以人民为中心的发展思想，倡导共享并逐渐实现共同富裕成为发展的高阶目标。要实现共同富裕，就要调整收入分配格局，完善社会保障、税收和转移支付等分配调节机制，解决好收入差距问题，使发展的成果更加公平地惠及全体人民。

（三）共商共建共享的全球治理观成为主流

中国从富到强的一个典型表现是站到了世界舞台的中央，勇于践行大国责任。党的十八大以来，习近平同志在不同场合明确提出中国的全球治理观，提出通过共商共建共享，为中国发展和世界和平创造更加有利的条件。习近平同志全球治理观是对世界格局变化的积极反映，体现了全球治理的新需求，彰显了中国发展理念的新高度。习近平总书记在全球治理问题上的新思考对世界平衡格局形成，新型大国关系构建产生了直接影响，并逐步成为全球治理的主导力量。

党的十八大以来，习近平总书记在不同的场合表达过全球治理观，先后就此主持了两次中共中央政治局集体学习，出席了二十国集团杭州峰会和"一带一路"国际合作高峰论坛，见表8。

2015 年 10 月 12 日，中共中央政治局就"全球治理格局和全球治理体制"进行集体学习。习近平总书记对中国参与、引导全球治理改革的理念作了系统阐述，指出推进全球治理体制变革事关应对各种全球性挑战，事关建立新的国际秩序和国际体系，事关各国在

表8 十八大以来习近平全球治理观点集萃

全球治理观点	观点发布时间
不管国际风云如何变幻，我们都要始终坚持和平发展、合作共赢，要和平不要战争，要合作不要对抗，在追求本国利益时兼顾别国合理关切。	2013年3月27日：金砖国家领导人第五次会晤时强调
稳步推进国际经济金融体系改革，完善全球治理机制，为世界经济健康稳定增长提供保障。	2013年4月7日：博鳌亚洲论坛2013年年会
中国的发展绝不以牺牲别国利益为代价，我们绝不做损人利己、以邻为壑的事情。	2014年3月28日：在德国科尔伯基金会的演讲
垄断国际事务的想法是落后于时代的，垄断国际事务的行动也肯定是不能成功的。我们应该共同推动国际关系合理化。适应国际力量对比新变化，推进全球治理体系改革，体现各方关切和诉求，更好维护广大发展中国家正当权益。	2014年6月28日：在和平共处五项原则发表60周年纪念大会上的讲话
事实证明，占世界人口42.6%的金砖国家经济发展、社会稳定、协调合作、共同成长，顺应和平、发展、合作、共赢的时代潮流，有利于世界经济更加平衡、全球治理更加有效、国际关系更加民主。	2014年7月14日：接受拉美四国媒体联合采访时强调
我们应该坚持开放精神；我们应该坚持包容精神；我们应该坚持合作精神；我们应该坚持共赢精神。	2014年7月15日：在金砖国家领导人第六次会晤上讲话
我们应该倡导人类命运共同体意识，在追求本国利益时兼顾他国合理关切，在谋求本国发展中促进各国共同发展，建立更加平等均衡的新型全球发展伙伴关系。	2014年7月16日：在巴西国会的演讲
要切实运筹好大国关系，构建健康稳定的大国关系框架，扩大同发展中大国的合作。要切实加强同发展中国家的团结合作，把我国发展与广大发展中国家共同发展紧密联系起来。	2014年11月29日：出席中央外事工作会议时强调
无论是一个国家，还是世界，都需要与时俱进，这样才能保持活力。推动全球治理体系朝着更加公正合理有效的方向发展，符合世界各国的普遍需求。	2015年9月22日：接受《华尔街日报》采访

全球治理观点	观点发布时间
合作是实现利益唯一正确的选择。要合作就要照顾彼此利益和关切，寻求合作最大公约数。	2015 年 9 月 22 日：在华盛顿和美国友好团体联合欢迎宴会上的演讲
要审时度势，努力抓住机遇，妥善应对挑战，统筹国内国际两个大局，推动全球治理体制向着更加公正合理方向发展，为我国发展和世界和平创造更加有利的条件。	2015 年 10 月 12 日：在中共中央政治局第 27 次集体学习时讲话
面对当前挑战，我们应该完善全球经济治理，夯实机制保障。二十国集团应该不断完善国际货币金融体系，优化国际金融机构治理结构，充分发挥国际货币基金组织特别提款权作用。应该完善全球金融安全网，加强在金融监管、国际税收、反腐败领域合作，提高世界经济抗风险能力。	2016 年 9 月 4 日：在二十国集团领导人杭州峰会上的开幕辞
我们将秉持正确义利观，积极发展全球伙伴关系，扩大同各国的利益汇合点，推动建设相互尊重、公平正义、合作共赢的新型国际关系。我们将秉持共商共建共享理念，积极参与全球治理体系改革和建设，推动国际政治经济秩序朝着更加公正合理的方向发展。	2017 年 11 月 10 日：在越南亚太经合组织工商领导人峰会上主旨演讲
中国将推动构建新型国际关系，推动构建人类命运共同体，这是新时代中国外交追求的目标。中国将始终不渝走和平发展道路，深入推进"一带一路"倡议，以更加积极的姿态参与全球治理。	2017 年 12 月 1 日：会见来华出席"2017 从都国际论坛"的世界领袖联盟成员

国际秩序和国际体系"长远制度性安排"中的地位和作用，事关各国对发展制高点的抢占。全球治理体制变革源于世界之变，也是应对世界之变。

当下世界经济格局已经变化，重心向新兴市场国家、发展中国家转移，全球治理从西方治理向东西方共同治理的转变，治理体制变革处在历史转折点上。近代以来列强主要通过战争、殖民、划分势力范围等方式来争夺利益，但这些方式无以为继。世界各国更倾向于"以'制度规则'协调关系和利益，建立国际机制、遵守国际规则、追求国际正义成为多数国家的共识"。[65] 全球治理体制改革的目标是，向更加公正合理的方向发展，为中国发展和世界和平创造更加有利的条件。中国要顺势而为，弘扬"共商共建共享"的全球治理理念，建立以"合作共赢"为核心的新型国际关系，与世界携手构建"人类命运共同体"，践行"一带一路"倡议，让中国方案惠及世界。

2016 年 9 月 3 日，在 G20 工商峰会（B20）开幕式的主旨演讲中，习近平同志对全球治理变革作了更为深入和具体的阐述。他指出，各国要从冷战思维走出来，树立共同、综合、合作、可持续的新安全观，维护和平稳定的国际环境。要树立"人类命运共同体"意识，加强在重大全球性问题上的沟通和协调，为实现世界和平、稳定、繁荣提供更多公共产品。习近平系统阐述了包容与共享增长观，为在 G20 框架下推进发展导向议题和完善全球发展治理结构提供了重要准则。要以平等为基础，以开放为导向，以合作为动力，以共享为目标，不搞一家独大或者赢者通吃，寻求利益共享，实现共赢目标。将包容和共享理念嵌入到全球治理理念中，体现了新时代大国的责任与担当。

2016 年 9 月 27 日，中共中央政治局就"二十国集团领导人峰会和全球治理体系变革"进行集体学习，习近平同志发表重要讲话，深入阐述中国推进全球治理体制变革的基本原则。中国参与全球治理有两个原则：一是"尽力而为、量力而行"，在发展好自己的基础上，增强中国的国际话语权。二是"要坚持共商共建共享的原则，使关于全球治理体系变革的主张转化为各方共识，形成一致行动"。要践行正确义利观，推动构建以合作共赢为核心的新型国际关系、打造人类命运共同体。在具体的部署上，"要把能做的事情、已经形成广泛共识的事情先做起来"，如拓展杭州峰会成果、发挥二十国集团全球经济治理主平台作用，深入推进"一带一路"建设、深化上海合作组织合作，以及加大对网络、极地、深海、外空等新兴领域规则制定的参与。要提高我国参与全球治理的能力，着力增强规则制定能力、议程设置能力、舆论宣传能力、统筹协调能力。

"一带一路"倡议是引领改善全球治理的抓手。首先，"一带一路"可以更好地推进与沿线国家区域的沟通与合作，扩大同各国的利益交汇点。"一带一路"的政策沟通、设施联通、贸易畅通、资金融通、民心相通，是新时代中国外交的名片，是中国对外开放的重大举措，"更是中国主动引领全球治理和推动构建人类命运共同体的生动体现"[66]。其次，"一带一路"已成为中国推进改善全球治理的平台和载体。"一带一路"倡议是在丝绸之路基础上对外开放的广度和深度的拓展，重点面向亚欧非大陆，遵循共商共建共享原则，推动形成全面开放新格局。"一带一路"倡议的建设过程是全球新型国际关系的建立过程，也是全球开放、繁荣、和平、创新之路的建设过程，更是全球的文明之路，要"以文明交流超越文明隔阂、文明互鉴超越文明冲突、文明共存超越文明优越"，实现世界各国相互尊重和相互信任。第三，"一带一路"倡议也是新型全球治理机制建设的试验场。习近平在"一带一路"国际合作高峰论坛开幕式提出，中国将建立"一带一路"国际合作高峰论坛后续联络机制，成立两大中心（"一带一路"财经发展研究中心、"一带一路"建设促进中心），设立合作中心（同多边开发银行共同设立多边开发融资合作中心，同国际货币基金组织合作建立能力建设中心），打造丝绸之路沿线的合作网络、合作联盟（新闻联盟、音乐教育联盟）等。[67]

注 释

[1] 人民日报社理论部编：《深入学习习近平同志重要论述》，人民出版社 2013 年版，第 144 页。

[2] 中共中央宣传部编：《习近平总书记系列重要讲话读本》，人民出版社、学习出版社 2014 年版，第 19 页。

[3] 习近平：《决胜全面建成小康社会　夺取新时代中国特色社会主义伟大胜利——在中国共产党第十九次全国代表大会上的报告》，人民出版社 2017 年版，第 8 页。

[4] 中共中央宣传部编：《习近平总书记系列重要讲话读本》，人民出版社、学习出版社 2014 年版，第 133 页。

[5] 数据来源：《中国统计年鉴 2016》。

[6] 根据新浪财经"宏观经济数据库"提供数据估算。

[7] 2010 年标准即现行农村贫困标准，每人每年 2300 元（2010 年不变价格）。

[8]《我国形成世界上人口最多的中等收入群体》，新华网 2017 年 12 月 20 日，http://www.xinhuanet.com/2017-12/20/c_1122142938.htm。

[9] 李芯：《十八大以来中国经济发展成就瞩目：当前有实力　今后有后劲》，中国网 2017 年 10 月 10 日，http://finance.china.com.cn/news/20171010/4411966.shtml。

[10] 徐慧喜：《主场外交彰显中国魅力》，《经济日报》2017 年 10 月 12 日，

http://cpc.people.com.cn/n1/2017/1012/c412690-29584048.html。

［11］数据来源：《统计局局长：中国居民恩格尔系数为 30.1% 接近富足标准》，人民日报客户端 2017 年 10 月 10 日。联合国对世界各国生活水平划分标准：一个国家平均家庭恩格尔系数大于 60% 为贫穷；50%—60% 为温饱；40%—50% 为小康；30%—40% 属于相对富裕；20%—30% 为富足；20% 以下为极其富裕。

［12］《中国公众的气候变化认知度高　超九成受访者支持落实〈巴黎协定〉》，北京时间，https：//item.btime.com/4328b3364g49iepc9quj99a0lhb。

［13］新闻办发布会介绍《中国应对气候变化的政策与行动 2017 年度报告》，http：//www.gov.cn/xinwen/2017-10/31/content_5235765.htm#1。

［14］该报告将家庭人均收入中位数的 75% 及以下视为低收入群体，将家庭人均收入中位数的 76%—120%、120%—200%、201%—350% 分别视为中低收入群体、中间收入群体、中高收入群体。

［15］瑞士信贷研究中心报告提出，全球大约有 10.5 亿人的中等收入群体，中国占比接近 35%，即 3.7 亿。

［16］数据来自《国际统计年鉴 2016》。

［17］何立胜：《中国经济何以跨越"大而不强"关口》，《解放日报》2017 年 12 月 19 日。

［18］李稻葵：2030 年中国经济总量将是美国两倍左右，证券时报网（www.stcn.com）2017 年 11 月 22 日，http：//kuaixun.stcn.com/2017/1122/13785202.shtml。

［19］张建平、沈博：《改革开放 40 年中国经济发展成就及其对世界的影响》，《当代世界》2018 年第 5 期。

［20］人均可再生淡水资源为 2014 年数据，来源为世界银行 WDI 数据库。

［21］《发改委：居民收入增幅与 GDP 增速差距拉大风险仍存》，新浪财经 2018 年 6 月 15 日，http：//finance.sina.com.cn/china/2018-06-15/doc-ihcyszrz5495955.shtml。

［22］蒋姮：《"一带一路"地缘政治风险的评估与管理》，《国际贸易》2015 年第 8 期。

［23］人民日报经济社会部编：《深入学习贯彻中央经济工作会议精神》，人民出版社 2017 年版，第 23 页。

［24］习近平：《之江新语》，浙江人民出版社 2007 年版，第 95 页。

［25］包括政府卫生支出、社会卫生支出及个人卫生支出。

［26］曹文炼：《我国经济社会发展不平衡不充分的主要表现》，http：//3g.163.com/dy/article/DC62G65E05218636.html。

［27］习近平：《决胜全面建成小康社会　夺取新时代中国特色社会主义伟大胜

利——在中国共产党第十九次全国代表大会上的报告》，人民出版社 2017 年版，第 46 页。

　　［28］习近平：《决胜全面建成小康社会　夺取新时代中国特色社会主义伟大胜利——在中国共产党第十九次全国代表大会上的报告》，人民出版社 2017 年版，第 47 页。

　　［29］辛闻：《中国工业经济运行分析年度报告（2016—2017）在京发布》，中国网 2017 年 2 月 27 日，http://www.china.com.cn/news/txt/2017-02/27/content_40367905.htm。

　　［30］习近平：《携手合作，共同发展》，《人民日报》2013 年 3 月 28 日。

　　［31］彭明等主编：《20 世纪的中国——走向现代化的历程（政治卷 1949—2000）》，人民出版社 2010 年版，第 311 页。

　　［32］习近平：《在文艺工作座谈会上的讲话》，人民出版社 2015 年版，第 5 页。

　　［33］人民日报海外版"学习小组"：《学习关键词》，人民出版社 2016 年版，第 92 页。

　　［34］习近平：《在重庆调研时的讲话》，《人民日报》2016 年 1 月 7 日。

　　［35］数据来源：《中国统计年鉴 2017》。

　　［36］光明日报城乡调查研究中心、上海交通大学城市科学研究院：《城镇化"主体形态"如何协调发展——我国城市群的发展现状与对策》，《光明日报》2016 年 5 月 4 日。

　　［37］《党的十九大报告辅导读本》编写组：《党的十九大报告辅导读本》，人民出版社 2017 年版，第 217 页。

　　［38］张军：《中国顶端 1% 的家庭拥有全国近 1/3 的财产》，中国好学者。

　　［39］国家发展和改革委员会组织编写：《〈"十三五"脱贫攻坚规划〉辅导读本》，人民出版社 2017 年版，第 57 页。

　　［40］中共中央党校组织编写：《以习近平同志为核心的党中央治国理政新理念新思想新战略》，人民出版社 2017 年版，第 108 页。

　　［41］习近平：《在省部级主要领导干部学习贯彻党的十八届五中全会精神专题研讨班上的讲话》，人民出版社 2016 年版，第 26 页。

　　［42］孟东方：《"四个全面"战略布局的理论与实践研究》，人民出版社 2017 年版，第 148 页。

　　［43］习近平：《习近平谈治国理政》，外文出版社 2014 年版，第 116 页。

　　［44］《中共中央关于全面深化改革若干重大问题的决定》，人民出版社 2013 年版，第 6 页。

［45］《中共中央关于全面深化改革若干重大问题的决定》，人民出版社 2013 年版，第 6 页。

［46］王硕、苗圩：《科学认识我国工业发展新历史方位》，《人民政协报》2018 年 1 月 11 日，http://theory. workercn.cn/252/201801/11/180111105122275. shtml。

［47］孙秀艳：《科研更要走前人没走过的路》，《人民日报海外版》2013 年 7 月 18 日。

［48］《马克思恩格斯全集》第 47 卷，人民出版社 1972 年版，第 532 页。

［49］《马克思恩格斯全集》第 46 卷（下），人民出版社 1972 年版，第 225 页。

［50］习近平：《在文艺工作座谈会上的讲话》，人民出版社 2015 年版，第 13 页。

［51］中共中央党校组织编写：《以习近平同志为核心的党中央治国理政新理念新思想新战略》，人民出版社 2017 年版，第 60 页。

［52］洪银兴：《习近平新时代中国特色社会主义经济思想引领经济发展新时代》，《新华日报》2017 年 12 月 27 日。

［53］习近平：《决胜全面建成小康社会 夺取新时代中国特色社会主义伟大胜利——在中国共产党第十九次全国代表大会上的报告》，人民出版社 2017 年版，第 20 页。

［54］《关于〈中共中央关于全面深化改革若干重大题的决定〉的说明》(2013 年 11 月 9 日)，《人民日报》2013 年 11 月 16 日。

［55］刘国光：《政府和市场关系的核心是资源配置问题》，《毛泽东邓小平理论研究》2015 年第 11 期，第 1—6 页。

［56］中共中央文献研究室编：《习近平关于全面深化改革论述摘编》，中共中央文献研究室 2014 年版，第 62 页。

［57］中共中央文献研究室编：《习近平关于全面深化改革论述摘编》，中共中央文献研究室 2014 年版，第 62 页。

［58］中共中央文献研究室编：《习近平关于全面深化改革论述摘编》，中共中央文献研究室 2014 年版，第 64 页。

［59］焦方义：《全球财富的贫富分化及其负效应》，《海派经济学》2012 年第 4 期，第 94—106 页。

［60］向春玲主编：《变迁：从五年计（规）划看中国 60 年社会发展》，湖南人民出版社 2009 年版，第 3—5 页。

［61］向春玲主编：《变迁：从五年计（规）划看中国 60 年社会发展》，湖南人民出版社 2009 年版，第 3 页。

［62］鲍宗豪、张华金：《科学发展观论纲》，华东师范大学出版社 2004 年版，

第 58—59 页。

　[63] 习近平:《在省部级主要领导干部学习贯彻党的十八届五中全会精神专题研讨班上讲话》,人民出版社 2016 年版,第 25 页。

　[64] 习近平:《在文艺工作座谈会上的讲话》,人民出版社 2015 年版,第 14 页。

　[65] 陈向阳:《习近平总书记的全球治理思想》,《前线》2017 年第 6 期,第4—7 页。

　[66] 陈向阳:《习近平总书记的全球治理思想》,《前线》2017 年第 6 期,第4—7 页。

　[67] 习近平:《携手推进"一带一路"建设——在"一带一路"国际合作高峰论坛开幕式上的演讲》,人民出版社 2017 年版,第 18 页。

第二章　从中华民族发展史看
习近平新时代中国特色社会主义思想 *

　　2015 年 11 月 3 日，习近平在会见第二届"读懂中国"国际会议外方代表时深情阐释道："我们从哪里来？我们走向何方？中国到了今天，我无时无刻不提醒自己，要有这样一种历史感。伫立在天安门广场的人民英雄纪念碑有一组浮雕，表现的是 1840 年鸦片战争到 1949 年中国革命胜利的全景图。我们一方面缅怀先烈，一方面沿着先烈的足迹向前走。我们提出了中国梦，它的最大公约数就是中华民族伟大复兴。"[1] 我们从哪里来？我们走向何方？新时代中国共产党人以高度的历史担当为我们提供了明确的答案。实现中华民族伟大复兴，是中华民族近代以来最伟大的梦想，是中国共产党在成立时的初心，是历史和人民赋予新时代中国共产党人的重大使命。中国特色社会主义进入新时代，在中华民族发展史上具有重大意义。如何理解大

---

* 本章作者：李冉，复旦大学马克思主义学院常务副院长，教授，博士生导师；李国泉，复旦大学马克思主义学院，讲师。

历史观下的中华民族伟大复兴新时代？今天中华民族伟大复兴面临着哪些重大挑战？习近平新时代中国特色社会主义思想何以构成实现民族复兴的行动指南？这是本章打算重点探讨的三个问题。

一、大历史观下的中华民族伟大复兴新时代

在 2019 年初的欧洲之行中，习近平对意大利总理孔特说："拥有悠久的历史、璀璨的文明，这是我们两个国家的共通之处。我们对于时间的理解，不是以十年、百年为计，而是以百年、千年为计。"[2] 这种"大历史观"，是新时代中国共产党人看待历史问题的根本方法论原则。对中华民族伟大复兴问题的研究，要以大历史观之，把它放到中华民族 5000 多年的文明史、中国人民近代以来 170 多年的抗争史、中国共产党 90 多年的奋斗史中加以解读。

（一）"中华民族伟大复兴"命题的发生根据

在《政治经济学批判（1861—1863 年手稿）》中，马克思论述道："火药、指南针、印刷术——这是预告资产阶级社会到来的三大发明。火药把骑士阶层炸得粉碎，指南针打开了世界市场并建立了殖民地，而印刷术则变成新教的工具，总的来说变成科学复兴的手段，变成对精神发展创造必要前提的最强大的杠杆。"[3] 这段论述从多个维度深刻说明了中国古代科学技术如何为资本主义文明的产生奠定必

要条件、如何深刻地改变了世界历史进程的问题。

这不过是中华民族在 5000 多年文明史中所创造的科技成就的一个缩影。事实上，除了我们熟知的以火药、指南针、印刷术等为代表的重大发明，古代中国在天文学、数学、农学、医学、地理学、建筑学等方面都创造了非凡的成就。中国古代科学技术的发展，长期处于世界先进地位，在长达数个世纪乃至更长的时间段内都保持着一个令西方世界望尘莫及的水平。

当然，不仅仅是在科学技术领域，在很长一段时期内，中国古代社会发展的文明程度都要全面胜于同时代的西方。中华民族在长达 5000 多年的历史长河中，创造出了独具魅力的灿烂文明，中国对人类文明进步作出了不可磨灭的重大贡献。

根据目前的考古发现，最晚在仰韶文化晚期至龙山文化早期（距今约 5000 多年），我国就已经出现一些简易的农业生产工具和原始文字符号。中国是世界上最早发明文字的国家，以甲骨文的发明为重要标志，我国在夏商时期就已经迈进了真正意义上的文明时代。这比古罗马和古希腊要早数百年。而且，中国比欧洲早 900 多年就建立了封建主义制度，并经历了多个经济文化高度繁荣的封建盛世。从历史上看，国力强盛的时期，往往也是中国积极开展对外交往的时期。比如，在西汉初期的"文景之治"之后，汉武帝领导开辟了著名的"丝绸之路"——联结亚欧大陆的东西方文明交流的交通要道。再比如，唐代的"贞观之治"造就了一个盛唐时期，我国当时不仅拥有世界上最强大的经济和科技水平，而且在哲学、史学、文学、艺术、教育、宗教等各方面大放异彩，一度成为亚洲乃至全世界的经济文化交流中心。

但是，当欧洲进入资本主义工业化时代之时，中国却在乾隆末年开始走下坡路，我们的民族逐渐被西方国家所超越，以致于在1840年以后沦为一个落后挨打的民族。

马克思在《资本论》中曾说："虽然在14和15世纪，在地中海沿岸的某些城市已经稀疏地出现了资本主义生产的最初萌芽，但是资本主义时代是从16世纪才开始的。"[4]16世纪至18世纪，是欧洲资本主义的原始积累时期，也是欧洲各国爆发资产阶级革命浪潮的时期。通过"羊吃人"的圈地运动和血腥的海外殖民掠夺，英国的新兴资产阶级和新贵族逐渐积累了大量的财富，于是，他们就开始要求更多的政治权利，要求进一步发展资本主义生产。1640—1688年的英国资产阶级革命，推翻了封建的政治上层建筑，为资本主义经济的发展开辟了道路，为进入工业革命时代奠定了政治前提。

18世纪60年代，英国爆发工业革命。这场革命在英国以外的广泛扩展，深刻影响了19世纪的世界经济，使欧洲资本主义生产逐渐迎来机器化大工业时代。对此，马克思恩格斯指出："资产阶级在它的不到一百年的阶级统治中所创造的生产力，比过去一切世代创造的全部生产力还要多，还要大。"[5]工业革命在欧洲的发展，极大地推进了资本主义走向世界的进程。1789年爆发的法国大革命，则从另一条道路上深刻影响了资本主义的发展，它大规模地引发了19世纪资产阶级反对封建统治的革命热潮。

在《革命的年代（1789—1848）》一书中，英国历史学家艾瑞克·霍布斯鲍姆就把工业革命和法国大革命概括为"双元革命"，他说道："如果说19世纪的世界经济主要是在英国工业革命的影响之下发展起来的话，那么它的政治和意识形态则主要是受到法国大革命的影响。英国为世界的铁路和工厂提供了范例，它提供的经济急剧增长，破坏了非欧洲世界的传统经济和社会结构；而法国则引发了世界革命，并附于其思想，……法国为世界大部分地区提供了自由和激进民主政治的词汇和问题。……经由法国的影响，现代世界的思想观念首次渗透进迄今曾抗拒欧洲思想的古老文明世界。以上便是法国大革命的杰作。"[6]

19世纪上半叶，一个资本主义的强大欧洲日益崛起，世界权力结构的版图被彻底改变了。当英国、法国等资本主义国家依靠"双元革命"的雄风蒸蒸日上之时，中国却由于封建统治的腐败和闭关自守，呈现出江河日下之势。1840年，英国对中国发动了鸦片战争，落后的清政府挡不住资本主义的"坚船利炮"，开始一步步地走向半殖民地半封建的深渊。鸦片战争的爆发是中华民族由盛转衰的转折点，它开启了中华民族被侵略的百年屈辱史，导致中华民族陷入一个内忧外患的黑暗历史时代。

毛泽东说："我国从十九世纪四十年代起，到二十世纪四十年代中期，共计一百零五年时间，全世界几乎一切大中小帝国主义国家都侵略过我国，都打过我们，除了最后一次，即抗日战争，由于国内外各种原因以日本帝国主义投降告终以外，没有一次战争不是以我国失败、签订丧权辱国条约而告终。其原因：一是社会制度腐败，二是经济技术落后。"[7] 邓小平同样指出："中华民族自鸦片战争以来的一个多世纪，在世界上一直处于卑下地位，人家看不起中国人。"[8] 这是何等的耻辱！在这一百多年的历史中，外国侵略者的压迫与掠夺，造成中华大地山河破碎，导致中华民族陷入极端的屈辱和贫困之中，使中国人民遭受了人类社会发展历史上罕见的苦难。

总体而论，如果说由于曾经创造过辉煌灿烂的文明成就，中国人民深刻明白中华民族伟大复兴的意义，那么，加之蒙受了百年的外敌入侵和内部动乱，中国人民则更加强烈地渴望实现中华民族的伟大复兴。这就是"中华民族伟大复兴"命题发生的内在根据。习近平在党的十八大召开以后不久就提出实现中华民族伟大复兴的战略愿景，并把其形象地概括为"中国梦"。他强调："中国梦是一种形象的表达，是一个最大公约数，是一种为群众易于接受的表述，核心内涵是中华民族伟大复兴，可以适当拓展，但不能脱离中华民族伟大复兴这个主题，要紧紧扭住这个主题激活和传递正能量。"[9] 可以说，实现中华民族伟大复兴中国梦战略理念的提出，彰显了习近平新时代中国特色社会主义思想的目标旨向，为坚持和发展中国特色社会主义的新时代实践注入了新的内涵。

（二）历史的求索与社会主义的定向

近代以来170多年的历史，既是中华民族被西方帝国主义欺凌的历史，也是中国人民不断奋起抗争的历史。习近平指出："近代以后，我们的民族历经磨难，中华民族到了最危险的时候。自那时以来，为了实现中华民族伟大复兴，无数仁人志士奋起抗争，但一次又一次地失败了。"[10]为什么近代中国人的历史求索无一例外地都走向了失败？为什么只有社会主义才能救中国？解析这两大问题，首先需要深入分析近代中国人进行历史求索的主要形式。

近代中国人救亡图存历史求索的第一种主要形式是旧式的农民革命。

在鸦片战争以前，中国社会的主要经济结构是带有剥削性质的封建土地所有制，这一经济结构决定了社会的主要矛盾是农民阶级和地主阶级之间的矛盾。为了维护封建时代的经济结构，以及巩固对于农民阶级的统治地位，地主阶级建立了相应的政治上层建筑，即专制主义的中央集权的封建国家。农民阶级只能是被剥削、被奴役的对象，这就迫使农民不得不经常团结起来反抗他们的统治者。但是这些反抗运动往往以失败告终，而根源在于农民阶级自身的局限性导致其未能铲除封建主义的经济基础。

近代以来，为了把中华民族从苦难中挽救出来，从而实现自身的解放，农民革命的热情同样高涨。1851年—1864年的太平天国运动，是中国近代史上的一次规模空前的反帝反封建运动。然而，太平天国运动仍旧属于旧式农民革命的范畴，这场轰轰烈烈的运动不可避免地走向了失败。19世纪末爆发的义和团运动，同样是力求挽救中国于存亡之中的农民斗争。在严重的民族危机面前，义和团以"扶清灭洋"为口号，打击了帝国主义列强瓜分中国的图谋，但是并未能实现民族的独立和自由。这些农民革命缺乏先进理论的指导，缺乏先进阶级及其政党的领导，因而它们都没能推翻封建主义制度而改变中华民族的悲惨命运。

近代中国人救亡图存历史求索的另一种主要形式是软弱的资产阶级运动。

在 19 世纪后半期，世界资本主义的发展呈现出新的特点。第一，60 年代相继发生了俄国农奴制改革、美国南北战争和日本的明治维新运动，资本主义制度在世界范围内纷纷确立，资本主义世界体系初步形成。第二，以 70 年代爆发的第二次工业革命为契机，资产阶级不断改进生产技术和加强对资本的垄断，促进自由资本主义向垄断资本主义过渡。这产生的直接影响是，它使得向西方学习"真理"以发展资本主义在 19 世纪末 20 世纪初成为了一种时代潮流。

毛泽东形象地描述了当时先进中国人的心理："要救国，只有维新，要维新，只有学外国。那时的外国只有西方资本主义国家是进步的，它们成功地建设了资产阶级的现代国家。日本人向西方学习有成效，中国人也想向日本人学。"[11] 1898 年，以康有为、梁启超为代表的维新派人士通过光绪皇帝发动戊戌变法，主张推进资产阶级改良运动。几乎就在同一时期，孙中山领导成立兴中会，最早提出"振兴中华"的口号。1911 年爆发的辛亥革命，推翻了中国的封建专制制度，引发了中国资产阶级政党政治的热潮。据统计，"20 世纪初，资产阶级政党政治在中国兴起，在北京、上海等地出现过大大小小 300 多个政党和政治团体，但很快就在中国政治舞台上销声匿迹了"[12]。

近代中国的历史已经充分表明，资本主义道路在中国走不通。

其根本原因在于，在半殖民地半封建社会中，中国资本主义生产力落后，不能支撑起资本主义的生产关系。而软弱的民族资产阶级不可能担负起实现中华民族伟大复兴的历史重任。

此外，其他的各种主义也在中国遭遇了失败。正如习近平所说："在中华民族积贫积弱、任人宰割的时期，各种主义和思潮都进行过尝试，资本主义道路没有走通，改良主义、自由主义、社会达尔文主义、无政府主义、实用主义、民粹主义、工团主义等也都'你方唱罢我登场'，但都没能解决中国的前途和命运问题。"[13]中华民族向何处去？这成为困扰近代中国人的一个根本问题。

中国人在历史求索中最终选择正确的道路，确定实现中华民族伟大复兴的社会主义方向，其可能性主要来源于两个方面：一是根据马克思主义揭示的人类社会发展规律，中国在理论上具有跨越资本主义的可能；二是俄国十月革命的成功实践，为中国提供了一种新的选择。

有论者指出，中国没有经历资本主义的发展阶段直接过渡到社会主义，违背了马克思所发现的"五种社会形态"演变规律（原始社会→奴隶社会→封建社会→资本主义社会→社会主义／共产主义）。问题是，"五种社会形态"的依次线性更替，是一切民族都必须经历的普遍规律吗？答案是否定的。其实，五种社会形态的演变，并不构成人类社会发展规律本身，它不过是社会基本矛盾运动规律在某些国家和民族（西欧是典型）的特殊表现形式。

马克思主义经典作家告诉我们的是：人类社会发展规律实质是

历史不断演进的规律，这种演进的根据是社会基本矛盾运动，其表现为社会形态由低级到高级的发展；各个国家和民族由于自身的特殊国情，其社会发展规律会通过不完全相同的形式表现出来，而并非"一律地"根据预设的"五种社会形态"来发展。这为中国跨越资本主义发展阶段提供了理论上的可能性。

1917 年，俄国爆发了十月革命，建立了苏维埃社会主义国家，开启了世界历史的新方向。中国人从此看到了曙光，找到了"中华民族向何处去"的答案。毛泽东指出："十月革命一声炮响，给我们送来了马克思列宁主义。十月革命帮助了全世界的也帮助了中国的先进分子，用无产阶级的宇宙观作为观察国家命运的工具，重新考虑自己的问题。走俄国人的路——这就是结论。一九一九年，中国发生了五四运动。一九二一年，中国共产党成立。"[14]

走俄国人的路，就是走社会主义道路。十月革命给中国送来的马克思列宁主义，其实就是列宁的"一国胜利论"。马克思曾指出，随着地域的个人逐步为世界历史性的个人所取代，"共产主义只有作为占统治地位的各民族'一下子'同时发生的行动，在经验上才是可能的，而这是以生产力的普遍发展和与此相联系的世界交往为前提的"[15]。这就是关于社会主义革命的"多国同时发生论"（资本主义文明国家）。列宁则根据资本主义从自由竞争发展到垄断的新特点，创造性地发展了马克思的观点，提出"一国胜利论"（经济文化相对落后国家）。在《论欧洲联邦口号》中，他深刻论述道："经济和政治发展的不平衡是资本主义的绝对规律。由此就应得出结论：社会主义可能首先在少数或者甚至在单独一个资本主义国家内获得胜利。"[16]

俄国的社会主义运动，是对列宁革命理论的成功实践，它为中华民族探索如何实现伟大复兴提供了一种全新的道路选择。既然经济文化相对落后的俄国可以不经过资本主义阶段而实现社会主义，中国为什么不可以呢？

在纪念五四运动 100 周年大会上的讲话中，习近平说："五四运动，爆发于民族危难之际，是一场以先进青年知识分子为先锋、广大人民群众参加的彻底反帝反封建的伟大爱国革命运动，是一场中国人民为拯救民族危亡、捍卫民族尊严、凝聚民族力量而掀起的伟大社会革命运动，是一场传播新思想新文化新知识的伟大思想启蒙运动和新文化运动，以磅礴之力鼓动了中国人民和中华民族实现民族复兴的志向和信心。"[17]五四运动是马克思主义在中国传播的分水岭。与之前马克思主义的零散传入相比，这场运动为马克思主义在中国的传播发展开辟了道路。一批先进的青年知识分子，从对各种社会思潮、政治主张和政治力量的鉴别中认真思考，最终接受和积极传播马克思主义特别是科学社会主义理论。从此，中华民族的伟大复兴有了社会主义的历史定向。

（三）中国共产党的历史贡献与新时代民族复兴的光明前景

回顾中国人民为实现民族复兴走过的历程，特别是要把它放到中国共产党近百年奋斗史中进行审视。在庆祝改革开放 40 周年大会上的讲话中，习近平指出："建立中国共产党、成立中华人民共和国、推进改革开放和中国特色社会主义事业，是五四运动以来我国发生的三大历史性事件，是近代以来实现中华民族伟大复兴的三大里程碑。"[18]。

"建立中国共产党"之所以构成复兴之路上的第一大里程碑，原因在于：它开启了中华民族发展史上"开天辟地的大事变"，为中国人民不断开创民族复兴伟业新局面提供了主心骨。

我们党一经成立，就接过历史的接力棒，担负起实现中华民族伟大复兴的历史重任。中国共产党人的初心和使命，就是领导中国人民抗争国内外政治势力，使人民在谋求民族独立的过程中实现解放、在推动民族复兴的征程上过上美好生活。"从上海石库门和嘉兴南湖出发，在近百年波澜壮阔的历史进程中，为了实现中华民族伟大复兴的历史使命，无论是弱小还是强大，无论是顺境还是逆境，我们党都初心不改、矢志不渝，领导人民进行了艰苦卓绝的斗争，取得了举世瞩目的辉煌成就，为中华民族作出了伟大历史贡献。"[19]

那么，中国共产党究竟是如何深刻改变中华民族的发展方向和前途命运的？民族复兴的实质是实现国家的现代化，在这个意义上，我们可以把中华民族伟大复兴具体化为建设社会主义现代化强国。只有从现代化的维度还原"从站起来、富起来到强起来的历史进程"，我们才能深刻把握中国共产党对中华民族发展的历史贡献。而在这个还原过程中，习近平所说的另外两大历史性事件的里程碑式意义也将得到展现。

近代以来，许多先进中国人主张"向西方学习"，其实也就是要学习西方资本主义国家的"现代化"技术和经验。但是各种尝试都走向了失败。只有中国共产党人才深刻地认识到，要实现国家现代化，前提条件是必须使中华民族和中国人民要先"站起来"。这就不得不首先推翻"三座大山"，即帝国主义、封建主义、官僚资本主义。毛泽东曾说："没有独立、自由、民主和统一，不可能建设真正大规模的工业。没有工业，便没有巩固的国防，便没有人民的福利，便没有国家的富强。……在一个半殖民地的、半封建的、分裂的中国里，要想发展工业，建设国防，福利人民，求得国家的富强，多少年来多少人做过这种梦，但是一概幻灭了。……这是好消息，这种幼稚的梦的幻灭，正是中国富强的起点。"[20]

只是有了中国共产党这个主心骨，中华民族才真正实现独立、自由、民主和统一。在中国共产党的领导下，我们取得了抗日战争的胜利，这标志着中国人民彻底改变了被外来势力欺凌的历史，迎来了一个"独立"的中国。中国共产党领导进行土地改革，通过破除封建剥削制度的经济根基，把农民从地主的奴役中解放出来，使中国人民真正拥有了"自由"。在中国共产党的领导下，中国人民推翻国民党的统治，结束内战，使中国由分裂走向"统一"，而建立人民民主专政的政权即中华人民共和国，确立人民当家作主的社会主义制度，则开启了中华民族追求"民主"的新纪元。

"成立中华人民共和国"之所以构成复兴之路上的第二大里程碑，原因在于：从此，中国人民在近代以来第一次可以真正掌握自己的命运，中华民族也由此实现了从"被奴役"到"站起来"的重大历史转折。

从此，中国共产党就带领人民不断探索富国富民之路，开启了推进国家现代化的历史进程。1957 年，毛泽东就鲜明提出要"将我国建设成为一个具有现代工业、现代农业和现代科学文化的社会主义国家"[21]。这是中国共产党人现代化思想的雏形。在 1960 年前后，毛泽东完整地提出了"四个现代化"思想："建设社会主义，原来要求是工业现代化，农业现代化，科学文化现代化，现在要加上国防现代化。"[22] 在社会主义建设时期，我国的现代化建设取得了很大的成就：一是在工业建设中取得重大成就，逐步建立了独立的比较完整的工业体系和国民经济体系；二是农业生产条件发生显著改变，生产水平有了很大提高；三是教育、科学、文化、卫生、体育事业有很大发展；四是人民解放军在新的历史条件下得到壮大和提高，由单一的陆军发展成为包括海军、空军和其他技术兵种在内的合成军队。[23] 尽管在"文化大革命"时期，中国现代化事业遭到了严重的破坏，但是，不可否认的是，改革开放前 30 多年的现代化探索的实践成就，为党的十一届三中全会以后中华民族真正实现从"站起来"到"富起来"的历史跨越奠定了坚实的基础。

在 1980 年 10 月 25 日同中央负责同志的谈话中，邓小平说道："三中全会以后，我们就是恢复毛泽东同志的那些正确的东西嘛，就是准确地、完整地学习和运用毛泽东思想嘛。基本点还是那些。从许多方面来说，现在我们还是把毛泽东同志已经提出、但是没有做的事情做起来，把他反对错了的改正过来，把他没有做好的事情做好。今后相当长的时期，还是做这件事。"[24] 事实上，这就是党的十一届三中全会为什么要作出把工作重点转移到社会主义现代化建设上来的战略决策的原因。

"推进改革开放和中国特色社会主义事业"之所以构成复兴之路上的第三大里程碑，原因在于：改革开放在中华民族的历史上具有重大的转折性意义，它开创了中国特色社会主义道路、理论、制度和文化，使中华民族大踏步赶上了现代化的时代。

在历史发展的十字路口，邓小平强调："如果现在再不实行改革，我们的现代化事业和社会主义事业就会被葬送"[25]，"我们要赶上时代，这是改革要达到的目的"[26]。可见，我们要赶上的"时代"本质上是现代化的时代。为此，我国坚持以经济建设为中心，不断解放和发展社会生产力，发展搞活社会主义市场经济，努力推动社会全面进步。可以说，改革开放以来，中国人民推动经济社会发展程度的不断跃升，创造了一个又一个发展的奇迹。

深刻理解改革开放的意义，要有历史比较的纵向视野，更要有中西方对比的国际视野。从工业革命的爆发及其广泛拓展以来，西方资本主义国家就以工业化为牵引开始了现代化建设的进程，这一进程经历了几百年的发展历史。而中国的现代化建设历程，如果从1956年社会主义革命胜利后算起，只有60多年的时间，如果从改革开放起点算起，则只有40年的时间。在这个意义上，中华民族仅用数十年的时间，就赶上了资本主义用数百年所开创的现代化时代。

当然，中国的现代化建设是有自身的鲜明特色的，是以社会主义为定向的后发国家的现代化。邓小平当年会见外宾时就讲，我们要建设"中国式的现代化",后来他又把这个目标概括为"建设有中国特色的社会主义"。再后来,中国共产党人又把"建设有中国特色的社会主义"进一步简化为"中国特色社会主义"。由此可见,"中国式的现代化"是"中国特色社会主义"的最初表达。因此,中国共产党领导人民进行改革开放的历程,既是不断推进建设"中国特色社会主义"的过程,也是不断探索实现"中国式的现代化"的过程。

改革开放以来中国特色社会主义事业的长足发展,极大地提升了中国的现代化发展水平,使中国人民不断实现"富起来"。党的十八大以来,中国特色社会主义的发展逐步进入了新时代。这个新时代,既是中国特色社会主义的新时代,同时也是社会主义现代化建设的新时代,其鲜明的特征,就是中华民族迎来了从"富起来"到"强起来"的伟大飞跃。中国共产党勇于担当历史使命,领导人民开创了新时代社会主义现代化强国建设的光明前景。站在"强起来"的历史起点上,"我们比历史上任何时期都更接近实现中华民族伟大复兴的目标,比历史上任何时期都更有信心、更有能力实现这个目标"[27]。

二、实现中华民族伟大复兴面临的若干重大挑战

1949 年 3 月,毛泽东在西柏坡召开的七届二中全会上曾说:"夺取全国胜利,这只是万里长征走完了第一步。如果这一步也值得骄傲,那是比较渺小的,更值得骄傲的还在后头。……中国的革命

是伟大的，但革命以后的路程更长，工作更伟大，更艰苦。"[28]在某种意义上，我们今天也面临着类似的境遇。一方面，中华民族伟大复兴进程发展到前所未有的高度，另一方面，我们又不得不应对许多新的重大矛盾和艰巨挑战。习近平就告诫全党："今天，我们回顾历史，不是为了从成功中寻求慰藉，更不是为了躺在功劳簿上、为回避今天面临的困难和问题寻找借口"[29]，而是要清醒地认识到"中华民族伟大复兴，绝不是轻轻松松、敲锣打鼓就能实现的，我们必须准备付出更为艰巨、更为艰苦的努力"[30]。在强起来的新征程上，实现中华民族伟大复兴的重大挑战，主要来自以下四个方面。

（一）国内重点领域的重大风险可能中断民族复兴的进程

在 2015 年 10 月，习近平就高屋建瓴地指出："今后 5 年，可能是我国发展面临的各方面风险不断积累甚至集中显露的时期。……如果发生重大风险又扛不住，国家安全就可能面临重大威胁，全面建成小康社会进程就可能被迫中断。我们必须把防风险摆在突出位置，'图之于未萌，虑之于未有'，力争不出现重大风险或在出现重大风险时扛得住、过得去。"[31]2019 年 1 月 21 日，习近平在省部级主要领导干部"坚持底线思维着力防范化解重大风险专题研讨班"开班式上强调，要提高防控能力着力防范化解重大风险，保持经济持续健康发展社会大局稳定。[32]从新时代中国来看，各种矛盾源和风险点进一步增多，在政治、意识形态、经济、科技、社会、党的建设等领域存在着许多潜在的重大风险。如果不能防范化解这些重点领域的重大风险，将有可能会导致犯下无可挽回的颠覆性错误，这样一来，不仅全面建成小康社会进程将会被打断，而且实现中华民族伟大复兴的宏伟进程也可能被迫中断。

政治风险是指在政治领域可能发生的危险，它是危害最大的风险。之所以如此，在于政治风险可能会对国家政权安全构成直接的重大影响，其对于实现中华民族伟大复兴的冲击将是致命性的。而防范化解政治风险，核心是要维护中国共产党的领导和坚持社会主义制度，其对立面是针对中国的和平演变战略图谋。早在《关于正确处理人民内部矛盾的问题》中，毛泽东就强调，对破坏国家政治安全行为的打击，不是要解决人民内部矛盾，而是要解决对抗性的敌我矛盾。在 1989 年 9 月，邓小平更是指出："西方世界确实希望中国动乱。不但希望中国动乱，也希望苏联、东欧都乱。美国，还有西方其他一些国家，对社会主义国家搞和平演变。美国现在有一种提法：打一场无硝烟的世界大战。我们要警惕。资本主义是想最终战胜社会主义，过去拿武器，用原子弹、氢弹，遭到世界人民的反对，现在搞和平演变。别国的事情我们管不了，中国的事情我们就得管。中国不搞社会主义不行，不坚持社会主义不行。如果没有共产党的领导，不搞社会主义，不搞改革开放，就呜呼哀哉了，哪里能有现在的中国？"[33]

有人提出，西方国家搞和平演变是冷战时代的产物，在苏东剧变以后再讲和平演变的问题，已经不合时宜了。这种观点显然是错误的。支持本国民众发起"颜色革命"，是西方国家推进和平演变战略的最新形式。20 世纪初，独联体国家、北非国家之所以发生"颜色革命"，与外国敌对势力的颠覆活动有着密切的联系。从发生机制来看，"西方国家策划'颜色革命'，往往从所针对的国家的政治制度特别是政党制度开始发难，大造舆论，大肆渲染，把不同于他们的政治制度和政党制度打入另类，煽动民众搞街头政治"[34]。对于新时代中国而言，我们不仅面临着西方反华势力策划"颜色革命"的政治风险，而且这一风险与过去相比有过之而无不及。理解这一点，需要再进一步把握政治风险和意识形态风险的内在关系。

政治风险，往往是由意识形态风险引起的。习近平指出，意识形态工作是党的一项极端重要的工作，而原因就在于"一个政权的瓦解往往是从思想领域开始的，政治动荡、政权更迭可能在一夜之间发生，但思想演化是个长期过程，思想防线被攻破了其他防线就很难守住"[35]。

西方反华势力对中国的发难，其途径通常是通过各种意识形态策略，大造舆论、大肆渲染、指鹿为马，从而达到掌握人心以颠覆政权的效果。比如，"敌对势力往往就是拿中国革命史、新中国历史来做文章，竭尽攻击、丑化、污蔑之能事，根本目的就是要搞乱人心，煽动推翻中国共产党的领导和我国社会主义制度"[36]。再比如，他们以宣扬所谓的"普世价值"等西方话语为幌子而企图达到不可告人的政治图谋，"有的人奉西方理论、西方话语为金科玉律，不知不觉成了西方资本主义意识形态的吹鼓手"[37]。

由于互联网技术的蓬勃发展，为资本主义意识形态的传播提供了便利的载体。西方反华势力依靠其强大的互联网活动能量，正在以前所未有的力度加紧对中国的意识形态渗透，妄图从攻破思想防线入手"扳倒中国"。互联网是我们这个时代面临的"最大变量"，如果不能在互联网舆论战场上掌握意识形态工作的主导权，这个变量可能会成为搞乱党心民心、危害政治安全、延缓民族复兴进程的"心头之患"。

在政治和意识形态以外，我们还面临着其他领域的许多风险，这些风险如果处理不好，同样可能发展为系统性的风险，即可能打断中华民族伟大复兴的进程的重大风险。

经济条件在社会历史中具有决定性的作用，经济领域的风险不得不警惕。我国长期以来的传统经济发展方式积累了许多问题，最突出的表现就是当前经济面临着结构性的矛盾。"比如，当前经济下行的一个重要原因是工业增长下滑，而工业下滑主要是产业结构不适应需求变化、部分行业产能过剩严重。企业效益不好的主要原因也是如此。"[38] 如何化解产能过剩的问题，合理处置"僵尸企业"，是影响中华民族伟大复兴进程的一个新的挑战。另一个重大的挑战是金融风险，主要包括股市不健康发展问题、地方政府债务过高问题、国有企业高杠杆问题、互联网金融机构非法集资问题、游离于银行监管体系之外的影子银行问题等。防范化解这些金融风险特别是防止其演变为系统性风险，关乎新时代经济工作的命脉。

"中国要强盛、要复兴，就一定要大力发展科学技术，努力成为世界主要科学中心和创新高地。"[39] 这是站在新时代的战略高度上对科技发展地位作出的重大判断。邓小平早就指出："科学技术是第一生产力"，"高科技领域，中国也要在世界占有一席之地"。[40] 经过长期的发展，基础科学研究、战略高技术研究、中高端科技产业发展等方面取得了巨大的成就。但是也要清醒地看到，我国目前的科技实力和创新能力不仅与世界上的科技强国存在较大的差距，而且在一些领域还面临差距拉大的严峻挑战。正如习近平所言："我国基础科学研究短板依然突出，企业对基础研究重视不够，重大原创性成果缺乏，底层基础技术、基础工艺能力不足，工业母机、高端芯片、基础软硬件、开发平台、基本算法、基础元器件、基础材料等瓶颈仍然突出，关键核心技术受制于人的局面没有得到根本性改变。"[41]"关键核心技术受制于人"，是导致新时代中国面临重大科技风险的主要根源，其对实现民族复兴有重要的制约作用。

在社会领域，我们同样要注意威胁社会安全的风险。邓小平在1992年就谈到："要坚持两手抓，一手抓改革开放，一手抓打击各种犯罪活动。这两只手都要硬。打击各种犯罪活动，扫除各种丑恶现象，手软不得。"[42]防范社会风险的核心要义就是要打击犯法犯罪、保障社会治安，其目标旨向是要提升人民群众的安全感，是要为实现中华民族伟大复兴提供良好的社会环境。

威胁实现民族复兴的因素，还可能来自执政党本身。邓小平讲过一句著名的论断："中国要出问题，还是出在共产党内部。"[43]这是说我们在党建领域同样面临着各种风险点。"党面临的长期执政考验、改革开放考验、市场经济考验、外部环境考验具有长期性和复杂性，党面临的精神懈怠危险、能力不足危险、脱离群众危险、消极腐败危险具有尖锐性和严峻性，这是根据实际情况作出的大判断。"[44] 如何在中国这样一个大国进行长期执政和治国理政，如何有方向、有原则地领导深化改革和扩大对外开放，如何在拓展社会主义市场经济中统筹好政府、市场和社会的关系，如何应对更加异常复杂的外部环境的挑战，是新时代中国共产党推进中华民族伟大复兴所面临的重要考验。如何防止党内出现大范围的信仰迷茫和精神缺钙局面，如何解决党员干部的本领不足、本领恐慌、本领落后问题，如何坚持以人民为中心而不是脱离群众，如何以全面从严治党巩固发展反腐败斗争的压倒性胜利，是新时代中国共产党人在民族复兴新征程上亟待解决的重大课题。

（二）社会主要矛盾的转化与满足人民美好生活需要的艰巨性

判断当代中国社会发展进入新时代的一个重要依据，是社会主要矛盾发生了阶段性的转化。我国社会的主要矛盾在 1956 年以后就不再是阶级矛盾，而是演变为"需要"同"生产"之间的矛盾。经过曲折的认识过程，1981 年党的十一届六中全会提出"在社会主义改造基本完成以后，我国所要解决的主要矛盾，是人民日益增长的物质文化需要同落后的社会生产之间的矛盾"[45]。解决这一主要矛盾，只能通过改革的方式，即通过改革生产关系和上层建筑中的不完善部分使之适应生产力的发展，从而在根本上改变落后的社会生产的状况。在中国社会基本矛盾运动发展的新阶段，党的十九大报告提出一个新的战略论断，即我国社会主要矛盾已经转变为"人民日益增长的美好生活需要"与"不平衡不充分的发展"之间的矛盾。

新时代中国社会主要矛盾的转化,从客观上对实现民族复兴伟业造成了全局性的影响。习近平深刻指出,"中国梦归根到底是人民的梦","必须不断为人民造福"。[46]所谓"为人民造福",其核心内涵是实现人民对美好生活的向往。因此,实现中华民族伟大复兴,在本质上就是要满足人民不断增长的美好生活需要。然而,在新时代社会主要矛盾转化的背景下,发展不平衡不充分的问题导致实现人民美好生活需要呈现出艰巨性,这是中华民族在走向复兴进程中面临的一个新的重大挑战。

理解"美好生活需要"的关键,在于把握人的类本质。根据马克思主义的观点,人的类本质是自由自觉的活动,但是这一本质在其现实性上表现为社会关系的总和。人比动物的超越之处,在于前者能够在一定的社会关系中从事价值创造活动。与之相对应,动物只追求单一的自然生理需要,人则追求与其价值创造活动相契合的全方位的需要。

作为"人之需要"的美好生活需要,它的第一要义是物质生活需要。在《德意志意识形态》中,马克思恩格斯指出:"人们为了能够'创造历史',必须能够生活。但是为了生活,首先就需要吃喝住穿以及其他一些东西。因此第一个历史活动就是生产满足这些需要的资料,即生产物质生活本身。"[47]同时,他们还描述了人的需要的社会历史性:"已经得到满足的第一个需要本身、满足需要的活动和已经获得的为满足需要而用的工具又引起新的需要。"[48]当物质生活需要得到满足以后，人们开始向往更高层次的需要，其美好生活需要表现出结构性的特点。原因在于，人的价值创造活动不仅包括物质生活资料的生产实践，还包括其他社会生活领域的更高级的历史创造行动。

与人的价值创造活动的外延相对应，"美好生活需要"在结构上涉及经济、文化、政治、社会和生态文明等现实生活的各个领域，它在新时代中国重点体现为人们在教育、工作、收入、社会保障、医疗卫生服务、居住条件、生态环境等各个方面的生活期待和要求。也就是习近平所概括的："我们的人民热爱生活，期盼有更好的教育、更稳定的工作、更满意的收入、更可靠的社会保障、更高水平的医疗卫生服务、更舒适的居住条件、更优美的环境，期盼孩子们能成长得更好、工作得更好、生活得更好。人民对美好生活的向往，就是我们的奋斗目标。"[49]

纵观几十年来中国社会的发展历程，从对温饱生活的向往到对小康生活的向往，再到对美好生活的向往，中国人民在新时代逐渐迎来多样化的需求阶段。人民不断增长的多样化需要能否得到满足，归根到底取决于我国经济社会的客观发展状况。在新时代的历史条件下，要实现人民的美好生活需要，面临着许多的阻碍性因素，而其中影响最大要数发展不平衡不充分问题，甚至可以说，其他阻碍因素或多或少都与此有关。

认识发展不平衡不充分问题，需要先厘清"发展不平衡不充分"的基本涵义。"发展"不仅包括量的增加，而且还包括质的提升。"不平衡"揭示的是发展中的一种结构性矛盾。"不充分"则是对发展程度不足问题的描述。作为社会主要矛盾重要构成的"发展不平衡不充分"，与"人民日益增长的美好生活需要"是对立统一的。发展不平衡不充分问题制约了人民美好生活需要的实现，在这个意义上，它们之间是相互对立的；但是，又不能孤立地看待社会主要矛盾的这两个方面，发展的不平衡不充分，其实质是发展状况不能适应人民对美好生活的期待。

作为人们应用劳动资料进行物质生产的能力，生产力是社会历史的决定性力量。生产力发展水平的结构性差异，是新时代发展不平衡不充分问题的首要表现。根据不同的生产实际和国家发展的战略需求，我国在很长一段时间内优先发展东部和城市地区，在客观上造就了当代中国生产力发展水平在东部与中西部、城市和乡村之间的结构性差异。

经过长期的发展，我国生产力发展的结构性差异更加显著。这具体表现为，在东部和城市地区，我国已经拥有许多世界一流的生产力，而在中西部和乡村贫困地区，还存在很多落后的甚至是原始的生产力。同时由于随着生产力的发展，人们的社会关系也愈益发展，进而才能形成社会历史的多样性和丰富性，因此，生产力发展不足的地方，其经济结构、基础设施建设、教育水平、精神文明建设、医疗卫生服务、社会治理等方面的发展也很不充分。可见，在广大的中西部和乡村贫困地区，人们要实现美好生活需要面临着种种困境。

新时代发展不平衡不充分问题的另一个突出表现，是中国社会结构发展的不协调局面。要理解这个问题，首先要引入"社会有机体"理论。马克思主义认为，社会结构的各个构成要素，尽管它们的地位和功能不同，但是却共同构成一个有机体。何为社会有机体？它具有两大规定性。一是从横向来看，其内部各个要素之间是相互依存的协调关系。马克思在《哲学的贫困》中指出："其实，单凭运动、顺序和时间的唯一逻辑公式怎能向我们说明一切关系在其中同时存在而又互相依存的社会机体呢？"[50]二是从纵向来看，作为一个有机整体的社会，是不断发展变化的。马克思在《资本论》第一版序言中深刻强调："现在的社会不是坚实的结晶体，而是一个能够变化并且经常处于变化过程中的有机体。"[51]

倘若把中国社会看成一个系统性的社会有机体，那么，只有其中的每一个要素都实现"相互协调"和"共同发展"，其整体功能才能达到最优化。然而现实的情况是，改革开放以来在以经济建设为中心的战略牵引下，我国已经跃升为世界第二大经济体，但是，其他领域的发展相对滞后。譬如，社会法治化水平有待提高，国家治理体系和治理能力亟须现代化，生态保护和污染防治任务更加繁重，人民群众在教育、就业、医疗、居住、养老、食品药品安全等方面面临许多难题，等等。中国社会结构发展的失衡状况，不仅制约了社会文明程度的整体提升，更对满足人民日益增长的美好生活需要构成了挑战。

（三）实现复兴伟业亟须振奋起全民族的"精气神"

精神是物质实践活动的产物，表现为观念文化形态，在社会结构中属于上层建筑领域。马克思主义从来不否认精神对于社会历史发展的重要推动作用。在改革开放之初，邓小平就指出："我们要在建设高度物质文明的同时，提高全民族的科学文化水平，发展高尚的丰富多彩的文化生活，建设高度的社会主义精神文明。"[52]在新的历史条件下，习近平则结合实现民族复兴伟业进行阐释："实现中国梦，是物质文明和精神文明均衡发展、相互促进的结果。没有文明的继承和发展，没有文化的弘扬和繁荣，就没有中国梦的实现。中华民族的先人们早就向往人们的物质生活充实无忧、道德境界充分升华的大同世界。中华文明历来把人的精神生活纳入人生和社会理想之中。所以，实现中国梦，是物质文明和精神文明比翼双飞的发展过程。"[53]

只有大力发展精神文明，才能振奋起中华民族的"精气神"，才能顺利实现中华民族伟大复兴。这是新时代中国共产党人对精神力量作出的新的战略定位。然而，从当前中国人的精神状态来看，振奋起全民族的"精气神"面临着严峻的挑战，主要是一些社会成员对于实现中华民族伟大复兴的奋斗之气不足，缺乏锐意进取、奋发有为的精神面貌。

一部分人对中国特色社会主义道路、理论、制度、文化缺乏信心，对中华民族的发展抱有悲观态度。这与各种国内外错误思潮的滋长与传播不无关系。其思想根源在于：有的人把形成于特殊历史条件下的苏联社会主义模式普遍化，不愿意承认中国特色社会主义的特殊性；有的人丧失马克思主义信仰和共产主义信念，从根本上否定中国特色社会主义的合理性；有的人无视中国道路和制度的马克思主义基础，故意制造经典马克思主义与中国特色社会主义的对立；等等。

　　还有一部分人则对今天中国的发展成就沾沾自喜，产生盲目乐观的心理，缺乏忧患意识。这对于振奋起全民族的"精气神"也是很不利的。当前，推进中华民族伟大复兴的宏伟事业，既迎来前所未有的机遇，也面临着许多新的问题和挑战，需要振奋起全民族团结奋斗的"精气神"，"精气神上不去，就解决不了难题，应对不了挑战"[54]。

　　不能振奋起全民族团结奋斗的"精气神"，将严重影响中华民族伟大复兴中国梦的实现。中华民族在历史上被西方赶超，走向积贫积弱的落后境地，与我们对古代中华文明的成就骄傲自满，缺乏全民族的忧患意识是密切相关的。而近代以来，各种旧式的农民革命、资产阶级改良运动的历史探索，虽然生成和发展了以爱国主义为核心的中华民族精神，但是由于领导阶级的局限性，却始终没能以此提振全民族的"精气神"，因而不能把中国人民拧成"一股劲"，最终走向了失败。这些深刻的历史教训，我们今天不能不汲取！

　　反观近代日本的发展，这个民族通过明治维新运动建立了亚洲第一个现代化国家。19世纪60年代末至90年代，中日两国都处于资本主义帝国的侵略之下，然而日本通过资产阶级改革运动走上现代化的道路，而中国同期的洋务运动却走向了失败。这其中固然有很多原因，比如两国资本主义经济的发展差异、两国遭受外来侵略的程度不同等，但是精神层面的因素也是不能忽视的。

　　在明治维新运动中，日本的文化取向发生了转变，从"和魂汉才"改变为"和魂洋才"。日本的"和魂"的一个重要内容，就是建立于集体主义之上的全民忧患意识。明治维新运动的成功，得益于这种意识的凝聚人心的作用；而与之形成鲜明对照的是，中国洋务运动以及其他各式各样的救国探索，都是少数人的艰苦尝试，而未能有效唤起多数国人的奋斗精神和民族共同体意识。

邓小平当年就讲："明治维新是新兴资产阶级干的现代化，我们是无产阶级，应该也可能干得比他们好。"[55] 在无产阶级及其政党领导下、以社会主义为定向的中国现代化建设，是一定能够实现中华民族伟大复兴的。对此，我们应该充满信心。习近平指出："当前，我国正处于一个大有可为的历史机遇期，发展形势总的是好的，但前进道路不可能一帆风顺，越是取得成绩的时候，越是要有如履薄冰的谨慎，越是要有居安思危的忧患，绝不能犯战略性、颠覆性错误。"[56] 一言以蔽之，我们既不能"妄自菲薄"，当然也不能"妄自尊大"。

实现中华民族伟大复兴任重道远，亟须提振全民族的奋斗之气，振奋起中华民族的"精气神"。1949 年 3 月 23 日，是中共中央离开西柏坡的日子，毛泽东在临行前就对周恩来说，今天是进京赶考的日子，"我们都希望考个好成绩，我们决不当李自成，不能从北京退回去，退回去就失败了"[57]。习近平则在新的历史条件下强调，从党中央离开西柏坡时算起，"60 多年过去了，我们取得了巨大进步，中国人民站起来了，富起来了，但我们面临的挑战和问题依然严峻复杂，应该说，党面临的'赶考'远未结束"[58]。他还告诫全党："我们过去取得的实践和理论成果，能够帮助我们更好面对和解决前进中的问题，但不能成为我们骄傲自满的理由。"[59] 今天，中国共产党团结带领中国人民在解决各种挑战和问题中为实现中华民族伟大复兴而奋斗，就是在继续走好新时代的"赶考路"。

（四）世界大变局深刻演变与建设社会主义现代化强国的外部阻力

"当今世界正经历百年未有之大变局"，这是习近平在诸多外交场合反复强调的关于国际局势的重大战略判断。所谓大变局的"局"，指的是长期以来由西方大国主导的国际格局。回顾近代以来的世界历史，原来的国际主导权一直掌握在欧洲传统资本主义国家手中，但是在1918年第一次世界大战结束以后，美国作为一个新兴大国不断对这个世界格局发起挑战。由此建立的凡尔赛—华盛顿体系，在第二次世界大战以后被雅尔塔体系所取代，而随着苏东剧变以及两极格局的瓦解，美国从此成为了唯一的超级霸主。但是近年来，世界来到了一个新的转型过渡期，力量对比出现大调整大变革，由美国等西方国家主导的国际格局正在发生根本性的变化。

世界大变局出现深刻演变，主要得益于两个推动力。第一，新兴市场国家和发展中国家正在走向群体性崛起。在2018年金砖国家工商论坛上的讲话中，习近平就指出："新兴市场国家和发展中国家对世界经济增长的贡献率已经达到80%。按汇率法计算，这些国家的经济总量占世界的比重接近40%。保持现在的发展速度，10年后将接近世界总量一半。"[60] 再拿中美经济来做个比较。在2008年国际金融危机爆发时，美国经济总量是中国的3.32倍，到2018年，这一比例下降为1.51倍；在这10年间，中国经济规模扩大了1.9倍，而美国仅扩大了 13.8%。中国的崛起，挑战了美国的经济霸主地位。第二，美国在主动破坏现有的多边机制和全球治理体系。特朗普政府假借"美国优先"之名，大搞单边主义和贸易保护主义，对国际秩序造成了严重的冲击。譬如，美国近年来相继启动了多个国际组织或国际条约的退出程序，包括跨太平洋伙伴关系协定、巴黎协定、联合国教科文组织、万国邮政联盟、伊朗核协议、中导条约、武器贸易条约等。特朗普政府认为在现有的国际秩序中美国的利益得不到最大化，因而要以牺牲别国和世界整体利益为代价而拓展美国自身的利益。

对此，习近平指出："当今世界充满不确定性，人们对未来既寄予期待又感到困惑。世界怎么了、我们怎么办？这是整个世界都在思考的问题，也是我一直在思考的问题。"[61] 面对充满不确定性的世界，中国人民要完成实现中华民族伟大复兴的目标愿景，面临着前所未有的难得机遇。

中国可以抓住新的契机扩大国际影响力，为人类文明的发展进步贡献更大的力量。只有在更高的层面上统筹国内国际两个大局，才能为建设社会主义现代化强国创造更加有利的外部保障条件。邓小平在改革开放初期就在不断思考如何争取和平的国际环境为中国现代化建设服务的问题，提出"应当把发展问题提到全人类的高度来认识，要从这个高度去观察问题和解决问题"[62]。党的十八大以来，习近平更是反复强调："中国梦与中国人民追求美好生活的梦想是相连的，也是与各国人民追求和平与发展的美好梦想相通的。"[63]

然而，中国要把握这个历史性机遇，面临着许多新的严峻挑战。

首当其冲的是解决日益复杂的全球性难题的挑战。1985 年，邓小平就讲："现在世界上真正大的问题，带全球性的战略问题，一个是和平问题，一个是经济问题或者说发展问题。和平问题是东西问题，发展问题是南北问题。"[64] 30 多年过去了，不仅这两个问题表现出新的特点，而且世界又产生了一些新的问题。与原来相比，当今世界的动荡源、风险点不断增多，社会主义现代化强国建设的外部环境变得更为严峻。

如何看待新时代人类面临的全球性共同难题？ 2019 年 3 月，习近平在法国发表题为《为建设更加美好的地球家园贡献智慧和力量》的演讲，把当今世界面临的共同难题概括为"四个赤字"：一是治理赤字，表现为"全球热点问题此起彼伏、持续不断，气候变化、网络安全、难民危机等非传统安全威胁持续蔓延，保护主义、单边主义抬头，全球治理体系和多边机制受到冲击"；二是信任赤字，表现为"国际竞争摩擦呈上升之势，地缘博弈色彩明显加重，国际社会信任和合作受到侵蚀"；三是和平赤字，表现为"人类今天所处的安全环境仍然堪忧，地区冲突和局部战争持续不断，恐怖主义仍然猖獗，不少国家民众特别是儿童饱受战火摧残"；四是发展赤字，表现为"逆全球化思潮正在发酵，保护主义的负面效应日益显现，收入分配不平等、发展空间不平衡已成为全球经济治理面临的最突出问题"。[65]

实现中华民族伟大复兴面临的另一个重大挑战，是中国如何避免陷入"修昔底德陷阱"的挑战。这个挑战的生成，具有鲜明的时代背景。在新时代，中国与世界的关系、社会主义与资本主义的关系发生了历史性的变化。原来主要是中国的发展离不开世界，我们需要世界的机遇；今天，世界的发展越来越离不开中国，世界需要中国机遇和中国方案。特别是很多亚非拉国家对西方现代化模式的简单效仿，都遭遇了严重的"水土不服"，而中国的成功实践给这些国家提供了一种新的现代化选择。世界从来没有像今天这样，如此渴望倾听来自社会主义中国的声音。

随着中国不断走近世界舞台的中央，国外各种"中国威胁论"尘嚣日上，社会主义现代化强国建设遭遇了前所未有的外部阻力，而这种阻力主要来自美国。美国在国际范围内的无理打压和遏制，是对中国实现民族复兴伟业的最大外部威胁。

古希腊的历史学家修昔底德在其代表作《伯罗奔尼撒战争史》中描述了这样一种状况：雅典的不断崛起挑战了斯巴达的霸主地位，这引起斯巴达的恐惧和回应，使得两国之间不可避免地爆发战争。在 2003 年，哈佛大学教授格雷厄姆·艾利森把修昔底德的描述概括为"修昔底德陷阱"，并以之来分析中国（新兴大国）与美国（守成大国）之间的博弈。关于大国对抗的"修昔底德陷阱"问题的讨论，实质是要渲染"中国威胁论"，其推理逻辑是：由于中国的快速崛起损害了美国的国家利益，所以美中之间"必有一战"。

对于"修昔底德陷阱"，习近平一再向世界宣示："中国不认同'国强必霸论'，中国人的血脉中没有称王称霸、穷兵黩武的基因"[66]，"世界上本无'修昔底德陷阱'，但大国之间一再发生战略误判，就可能自己给自己造成'修昔底德陷阱'"[67]。但是，当前一些外部势力颠倒黑白，以有色眼镜审视中国的民族复兴问题，把"实现中华民族伟大复兴"看作"中国要称霸"。特别是美国特朗普政府把中国崛起视为"最大的威胁"，把遏制中国定位为"最优先的外交战略"。面对美国的战略误判，如何防止中美关系的发展跌入"修昔底德陷阱"，是考验新时代中国共产党人智慧的一项迫切课题。

三、习近平新时代中国特色社会主义思想是实现民族复兴的行动指南

习近平深刻指出："当代中国的伟大社会变革，不是简单延续我国历史文化的母版，不是简单套用马克思主义经典作家设想的模板，不是其他国家社会主义实践的再版，也不是国外现代化发展的翻版，不可能找到现成的教科书。"[68] 在严峻的国内外挑战面前，实现中华民族伟大复兴的历史伟业，需要有我们自己的科学理论的指导，需要坚定理论自信和增强战略定力。作为 21 世纪的中国马克思主义，习近平新时代中国特色社会主义思想是实现民族复兴的理论坐标。而把这一思想作为实现民族复兴的行动指南，关键是要坚持中国道路、弘扬中国精神、凝聚中国力量，并把这三者有机统一于新时代坚持和发展中国特色社会主义的实践中。

（一）中国道路：实现中华民族伟大复兴的人间正道

在中国共产党成立初期，毛泽东就强调："革命党是群众的向

导，在革命中未有革命党领错了路而革命不失败的。"[69] 在党的
十八大召开后不久，习近平进一步阐释道："道路问题是关系党的事
业兴衰成败第一位的问题，道路就是党的生命。"[70] 可见，能否提
升坚持自己的道路的战略自觉，是关乎中国共产党和中华民族前途
命运的"第一位的问题"。

作为中国道路的时代表达，中国特色社会主义道路既来源于近
代以来中华民族的历史探索所指明的社会主义定向，更是近百年来
马克思主义中国化的根本成就。这条道路是实现中华民族伟大复兴
的人间正道。进而言之，我们之所以说以中国道路开创民族复兴新
的伟业是历史的选择，根本依据在于"普遍的"马克思主义理论逻
辑和"特殊的"中国民族形式相统一所生成的历史必然性。

理解马克思主义的理论逻辑，其实就是要把握它的核心思想。
马克思主义是一个庞大的思想体系，但是它最为核心的思想是社会
基本矛盾理论。马克思主义创始人对这一理论及其地位的描述，主
要体现在三处文本上：一是马克思在 1859 年《〈政治经济学批判〉序
言》中回顾自己的心路历程时提到的"一经得到就用于指导我的研
究工作的总的结果"[71]；二是恩格斯在《共产党宣言》1888 年英文
版序言中提炼的"构成《宣言》核心的基本思想"[72]；三是恩格斯
在《在马克思墓前的讲话》一文中阐述的"历来为繁芜丛杂的意识形
态所掩盖着的一个简单事实"[73]（即马克思"两大发现"之"第一
发现"）。这三处概括，实质都共同指向关于生产力与生产关系、经济
基础与上层建筑矛盾运动的思想，都是对马克思揭示的普遍规律及其

地位的具体说明。如果我们把整个马克思主义理论比作一座"大厦"，那么，社会基本矛盾理论就是这座大厦的"核心"。

马克思主义从来都不是抽象的、空洞的教条。1938 年 10 月，毛泽东就深刻指出："没有抽象的马克思主义，只有具体的马克思主义。所谓具体的马克思主义，就是通过民族形式的马克思主义，就是把马克思主义应用到中国具体环境的具体斗争中去，而不是抽象地应用它。"[74] 其实，哪怕是构成普遍真理的社会基本矛盾规律，也只能是具体的，也只能根据中国的特点去应用它；而离开现实的历史，离开中国民族形式的特殊性，关于这一规律的理论本身就没有任何价值可言。换言之，在中国社会中，生产力、生产关系和上层建筑，都是处于特定实践条件之中的变动因素，因而社会基本矛盾理论的普遍性寓于中国民族形式的特殊性之中。

马克思主义中国化的近百年历程，最鲜明的实践成果是实现了社会基本矛盾理论在中国的落地生根。马克思曾说："理论在一个国家实现的程度，总是取决于理论满足这个国家的需要的程度。"[75]那么，社会基本矛盾理论究竟是如何满足中国社会发展进步之需要的？习近平从总体上为我们提供了答案："理论对规律的揭示越深刻，对社会发展和变革的引领作用就越显著"[76]，"在革命、建设、改革各个历史时期，我们党运用历史唯物主义，系统、具体、历史地分析中国社会运动及其发展规律，在认识世界和改造世界过程中不断把握规律、积极运用规律，推动党和人民事业取得了一个又一个胜利"[77]。中国共产党用来分析中国社会发展规律的"历史唯物主义"，其实质是社会基本矛盾理论，这是从马克思主义中国化的发展脉络中得出的一个重要结论。

在旧中国，帝国主义、封建主义、官僚资本主义的相互交织，导致了腐朽的生产关系和上层建筑，这严重阻碍了生产力的发展。当它们成为生产力发展的束缚时，那么，就必须对其进行调整和变革。中国共产党领导的新民主主义革命，就是旨在把这三股反动势力赶出中国，推翻买办的封建的生产关系，打破竖立其上的国家和法等政治上层建筑，从而对被束缚的生产力起到根本性的解放作用。这一革命胜利的直接果实，就是推动中华人民共和国的成立，使我国成为一个独立自主的国家，确立了人民民主专政的政治制度。然而，由于新的生产关系尚未确立，上层建筑也有待巩固，所以在这个意义上，革命的任务还没有最终完成。中国共产党推进社会主义改造，就是要实现这一历史使命。对农业、手工业和资本主义工商业的社会主义改造，就是进一步确立社会主义的生产关系、巩固社会主义的上层建筑，而它的根本目的是要为我国生产力的发展开辟出一条宽阔的道路。

社会主义制度确立以后，毛泽东创造性地提出社会主义社会基本矛盾理论，为我国社会主义现代化建设和改革开放奠定了符合中国特点的马克思主义理论基础。改革是社会主义制度的自我革新，涉及生产关系和上层建筑两个层面。江泽民指出："党的十一届三中全会以来，我们进行改革开放，调整和改革社会主义生产关系中不适应生产力发展要求的部分，调整和改革社会主义上层建筑中不适应经济基础的部分，也是为了进一步解放和发展生产力。"[78]习近平在新的历史条件下更是强调："改革开放三十五年来，我国经济社会发展取得了重大成就，根本原因就是我们通过不断调整生产关系激发了社会生产力发展活力，通过不断完善上层建筑适应了经济基础发展要求。"[79] 这两段论述都鲜明展现了社会基本矛盾理论对创立中国特色社会主义道路的奠基性价值。

综上可知，马克思主义社会基本矛盾理论，是被中国的历史实践反复验证的科学理论。无论是新民主主义革命、社会主义革命的胜利，还是改革开放的顺利推进，都是这一理论在中国的具体化的必然结果。换句话说，马克思主义中国化的发展，包括中国特色社会主义道路的开辟和拓展，其实就是中国社会基本矛盾运动所造成的历史必然性的展开。

由于坚持贯彻马克思主义的核心思想，中国特色社会主义道路具有鲜明的马克思主义属性。这条道路在 21 世纪的中国的创造性推进，集中彰显了科学社会主义原理的活力，为发展中国家走向现代化提供了可供借鉴的新途径。习近平指出："我国的实践向世界说明了一个道理：治理一个国家，推动一个国家实现现代化，并不只是西方制度模式这一条道，各国完全可以走出自己的道路来。可以说，我们用事实宣告了'历史终结论'的破产，宣告了各国最终都要以西方制度模式为归宿的单线式历史观的破产。"[80]

如果说以上是从中国共产党的发展史中得出的结论，那么同样重要的是，新时代的实践条件进一步强化了继续走中国道路的可能性和必要性。新时代中国共产党对中国特色社会主义规律的认识和把握达到了一个最高的历史水平，中国特色社会主义事业的历史性变革，为坚定道路自信提供了现实的可能。而我们今天所面对的无例可循的伟大社会变革，以及与此相联系的对社会主义"这个只搞了几十年的东西"的认识有限性，则共同凸显了坚持走中国道路的迫切必要性。

历史与现实共同提供的深刻启示就是："我们要把命运掌握在自己手中，就要有志不改、道不变的坚定。"[81] 不断推进以社会基本矛盾理论为硬核的马克思主义理论的特殊适应过程，有利于深化对中国社会发展规律的认知，有利于走稳走好中国道路。新时代坚持和发展中国特色社会主义，关键是要适应当前中国社会运动的客观规律，"自觉通过调整生产关系激发社会生产力发展活力，自觉通过完善上层建筑适应经济基础发展要求，让中国特色社会主义更加符合规律地向前发展"[82]。而关于如何使中国道路更加合规律性，习近平新时代中国特色社会主义思想为我们提供了许多具体的有益启示。这里择其要论之。

关于如何把握新时代社会主要矛盾的转化问题。新时代社会主要矛盾转化论断的提出，是对我国社会基本矛盾运动规律的科学把握。社会基本矛盾与社会主要矛盾之间，是决定与被决定、根源与特殊表现的关系。生产力的发展及其带来的基本矛盾的新变化，是社会主要矛盾发生转化的根本动因。要认识新时代社会主要矛盾的转化根据、内在结构和破解之道，必须坚持社会基本矛盾理论的分析框架。正如习近平所言："我国社会生产力已经快速发展起来，但发展中不平衡、不协调、不可持续问题依然突出，人口、资源、环境压力越来越大，上层建筑中的不适应问题也不断产生。怎么来解决这些问题,那就要坚持历史唯物主义。"[83]

关于如何协同推进"四个全面"和"五位一体"的问题。"四个全面"战略布局和"五位一体"总体布局的深层联系在于,这两大中国特色社会主义布局统一于社会基本矛盾运动的整体性逻辑中,都以促进生产关系和上层建筑从根本上适应生产力的发展要求为目标旨向。之所以要强调"'五位一体'和'四个全面'相互促进、统筹联动"[84],其基本根据是:"只有把生产力和生产关系的矛盾运动同经济基础和上层建筑的矛盾运动结合起来观察,把社会基本矛盾作为一个整体来观察,才能全面把握整个社会的基本面貌和发展方向。"[85]

关于如何认识推动人类命运共同体的构建问题。构建人类命运共同体的国际战略理念,开辟了发展21世纪马克思主义的新阶段。构建人类命运共同体是走向《共产党宣言》中所描述的"自由人联合体"的必经阶段。倡导与资本主义国家的命运与共,既是深刻分析当今时代资本主义社会基本矛盾新变化的理性选择,又没有违背以社会基本矛盾运动规律为根据的共产主义的历史大势,而是契合它所指引的超越强权逻辑的价值方向。

(二)中国精神:实现中华民族伟大复兴的意志合力

毛泽东讲过一句名言:"人是要有一点精神的。"[86] 这句话的哲学意蕴在于:动物不具有精神,后者是人之为人的独特标识。动物对它们生活环境的适应是消极的,但是人可以依靠有意识的实践活动来改造对象世界。作为从属于人们意识的范畴,精神是人的生命活动的体现，用马克思的话来说，人不仅"在思维中复原自己的现实存在"，而且还"作为思维着的存在物自为地存在着"。[87]

同样，作为人的政治共同体的国家，当然也是要有一点精神的。习近平不仅创造性地提出"中国精神"的概念，还强调"人无精神则不立，国无精神则不强"[88]。所谓中国精神，顾名思义，就是指中国人的思维品质、人生态度、道德情操、价值取向等各种精神因素的总和。中国精神是一个融合传统与现代的总体范畴，它既体现中华民族最深层的精神品格，又富有时代气息，就其主要方面来讲，是以爱国主义为核心的民族精神和以改革创新为核心的时代精神的有机统一体。

如何基于历史唯物主义的论域深刻阐释中国精神对民族复兴的重大意义，是我们需要进一步探讨的问题。先来考察恩格斯的一段论述："历史是这样创造的：最终的结果总是从许多单个的意志的相互冲突中产生出来的，而其中每一个意志，又是由于许多特殊的生活条件，才成为它所成为的那样。这样就有无数互相交错的力量，有无数个力的平行四边形，由此就产生出一个合力，即历史结果，而这个结果又可以看做一个作为整体的、不自觉地和不自主地起着作用的力量的产物。"[89]这里的合力指"意志的合力"。由于生活条件的差异，单个人的意志可能是相互冲突的，但是这些意志的相互作用，又会融合为一个总的平均数、一个总的合力。历史就是由意志的合力创造的，但是意志的合力归根到底是由经济状况所决定的。

中国精神其实就是中国人的意志合力，这种合力是对个体意志的主观性和随意性的扬弃，它对形成整个民族行动的动机有决定性的

101

影响，并构成实现民族复兴梦想的客观性的来源。习近平说："精神是一个民族赖以长久生存的灵魂，唯有精神上达到一定的高度，这个民族才能在历史的洪流中屹立不倒、奋勇向前"[90]，而"实现中华民族伟大复兴，是一场震古烁今的伟大事业，需要坚忍不拔的伟大精神"[91]。这一伟大精神就是中国精神。中国精神是凝心聚力的兴国之魂，是激励我国各族人民自强不息的强国之魂，而没有共同的中国精神，我们的民族和国家就会丧失独立的精神灵魂，就会魂无定所、行无依归。实现中华民族的伟大复兴，必须彰显我们自己的精神的独立性，"如果没有自己的精神独立性，那政治、思想、文化、制度等方面的独立性就会被釜底抽薪"[92]。

作为社会存在的产物，中国精神孕育于中华民族改造客观世界的实践活动中。中国精神的发展经历了一个漫长的历史过程，它的最初形态是民族精神。在中华文明5000多年的发展史中，我们的民族在实践中产生了自己独树一帜的精神，这种精神是中华民族安身立命的根本。正如习近平所说："古往今来，任何一个有作为的民族，都以自己的独特精神著称于世"[93]，"为什么中华民族能够在几千年的历史长河中生生不息、薪火相传、顽强发展呢？很重要的一个原因就是中华民族有一脉相承的精神追求、精神特质、精神脉络"[94]。其中，爱国主义是中华民族最重要的精神基因，它具有深远的历史渊源："爱国主义自古以来就流淌在中华民族血脉之中，去不掉，打不破，灭不了，是中国人民和中华民族维护民族独立和民族尊严的强大精神动力。"[95] 在中华民族的历史上，从来不乏为抗击外敌和保卫祖国而不懈奋斗的爱国人士，一代又一代的中华儿女前赴后继、接力奏响爱国主义壮歌。

鸦片战争以后，面对外国帝国主义势力的欺凌，以爱国主义为核心的民族精神发展到了一个新的阶段。"近代以来，中国人民为争取民族独立和解放进行的一系列抗争，就是中华民族觉醒的历史进程，就是中华民族精神升华的历史进程。"[96] 但是，中华民族向往复兴的伟大觉醒，即中华民族精神的全面升华，是以马克思主义传入中国为起点的。习近平在纪念五四运动 100 周年大会上深刻指出："五四运动改变了以往只有觉悟的革命者而缺少觉醒的人民大众的斗争状况，实现了中国人民和中华民族自鸦片战争以来第一次全面觉醒。经过五四运动洗礼，越来越多中国先进分子集合在马克思主义旗帜下，1921 年中国共产党宣告正式成立，中国历史掀开了崭新一页。"[97] 从此，在中国共产党的领导下，以爱国主义为核心的民族精神继续围绕着实现民族复兴而发展。民族精神最终与在社会主义现代化建设实践中应运而生的时代精神汇流于中国特色社会主义，发展为"中国精神"。

新时代中国精神的鲜明主题，是实现中华民族的伟大复兴。面对当前一些社会成员精神懈怠、奋斗之气不足等现实挑战，应当以中国精神这一意志合力振奋起中华民族的"精气神"。进一步讲，由于文化不仅是精神的植根土壤，同时也是精神的表现载体，所以实现这一目标的根本路径在于坚定文化自信、建设社会主义文化强国。习近平多次指出："文化自信，是更基础、更广泛、更深厚的自信，是更基本、更深沉、更持久的力量"[98]，"文化是一个国家、一个民族的灵魂。文化兴国运兴，文化强民族强。没有高度的文化自信，没有文化的繁荣兴盛，就没有中华民族伟大复兴"[99]。坚定文化自信，离不开对我们的文化（中华优秀传统文化、革命文化和社会主义先进文化）的认知和运用。坚定文化自信，就是要增强对我们的文化的认同感和自信心，特别是要深刻理解这一文化何以构成中华民族独特的精神标识的问题。

第一，中华优秀传统文化是中国精神的植根土壤。毛泽东指出："我们这个民族有数千年的历史，有它的特点，有它的许多珍贵品。对于这些，我们还是小学生。"[100]习近平更是强调："抛弃传统、丢掉根本，就等于割断了自己的精神命脉。博大精深的中华优秀传统文化是我们在世界文化激荡中站稳脚跟的根基。中华文化源远流长，积淀着中华民族最深层的精神追求，代表着中华民族独特的精神标识，为中华民族生生不息、发展壮大提供了丰厚滋养。……不忘本来才能开辟未来，善于继承才能更好创新。"[101]这段论述把对传统文化地位的认识提到了一个新的高度。

作为中华民族的鲜明优势，中华优秀传统文化是中华民族的文化血脉。这一文化血脉中所蕴含的精神财富，特别是爱祖国、重民本、求团结、讲奋斗、守信义、崇和合、尚大同等思想道德理念，是中国精神的丰厚滋养。在新时代的条件下弘扬中国精神，重点是要做好这些思想道德理念的"两创"工作（创造性转化、创新性发展）。所谓创造性转化，就是要按照时代特点和要求，对那些至今仍有借鉴价值的内涵和陈旧的表现形式加以改造，赋予其新的时代内涵和现代表达形式，激活其生命力；所谓创新性发展，就是要按照时代的新进步新进展，对中华优秀传统文化的内涵加以补充、拓展、完善，增强其影响力和感召力。[102]

第二，革命文化和社会主义先进文化是中国精神的现实载体。它们都是中国共产党领导人民在实践中创立的文化形态，都是中华文化立场与马克思主义指导思想相结合的产物，但它们分别孕育于不同的社会历史条件。革命文化指的是在中国革命历程中形成的文化，包括红船精神、井冈山精神、长征精神、延安精神、西柏坡精神等，其本质是坚定革命的理想和信念。习近平说："我们党强调理想信念是共产党人精神上的'钙'，强调'革命理想高于天'，就是精神变物质、物质变精神的辩证法。"[103] 社会主义先进文化是指在社会主义建设和改革的过程中创立的优秀文化，即"面向现代化、面向世界、面向未来的，民族的科学的大众的社会主义文化"[104]。中国特色社会主义文化是社会主义先进文化的最新表现形态，也是中国精神的时代载体。文化的本质和核心是意识形态。新时代中国特色社会主义文化建设，如文艺工作、新闻舆论工作、哲学社会科学工作、网络舆论工作等，实质是要紧扣"中国精神"的灵魂主线提升社会主义意识形态的引领力和凝聚力。

最后还要特别指出的是，在建设社会主义文化强国中弘扬中国精神，落脚点是发挥这一精神的"化人"和"育人"功能。在今天，特别是要通过弘扬中国精神来激发作为"强国一代"的青年为实现民族复兴的奋斗意识。早在 1935 年，毛泽东在延安庆贺模范青年大会上就强调："什么是模范青年？就是要有永久奋斗这一条。其他的当然也要有，如……智育、德育、体育、美育、群育等等，但据我看来，'永久奋斗'才是最主要的一条，没有这一条，什么都是空的。奋斗到什么程度呢？要奋斗到五年，十年，四十年，五十年，甚至到六十年，七十年，总之一句话，要奋斗到死，没有死就还没有达到永久奋斗的目标。……我们说：永久奋斗，就是要奋斗到死。这个永久奋斗是非常要紧的，如要讲道德就应该讲这一条道德。"[105] 党的十八大以来，习近平也反复强调，实现中华民族伟大复兴，青年的作用不可替代，必须特别重视不断强化青年作为担当民族复兴大任的时代新人的奋斗精神。

（三）中国力量：实现中华民族伟大复兴的磅礴伟力

习近平指出："实现中国梦必须凝聚中国力量。这就是中国各族人民大团结的力量。中国梦是民族的梦，也是每个中国人的梦。只要我们紧密团结，万众一心，为实现共同梦想而奋斗，实现梦想的力量就无比强大，我们每个人为实现自己梦想的努力就拥有广阔的空间。"[106] 为什么实现中华民族伟大复兴必须凝聚中国力量，为什么这一力量是不可战胜的磅礴伟力？深刻理解这一问题，首先需要回到西方哲学史中把握马克思主义历史主体论的创新性意义。

中世纪的历史哲学认为，人类生存的全部意义是上帝赋予的，人的世俗历史的发展是由上帝预设的。作为对这种历史哲学的修正，黑格尔哲学以"普遍理性"取代"上帝"而重新规定了历史的"目的因"。但不管是"上帝"，还是"普遍理性"，都是强加给历史的外部力量。由此，要实现对以上两种预定论哲学的超越，就要在客观的历史中找到真正的主体性力量。

历史唯物主义认为，人是历史的"剧中人"，更是历史的"剧作者"。在历史活动中重要的是行动着的群众，历史不外是追求着自身目的之人的实践活动而已。正是在这个意义上，毛泽东才讲："人民，只有人民，才是创造世界历史的动力。"[107]毛泽东的这一论断，是对马克思主义历史主体论的最为精炼的概括。

我们不能离开人的主体性抽象地看待历史和历史规律。生产力是人的生产力，同样，生产关系和上层建筑也是如此，而且促进这些因素的发展及其相互作用的主体力量亦只能是活生生的人。苏联学者鲁宾斯坦说："只有把客观条件和人们的活动在其相互依赖性中来加以考察，人们的存在、他们的生活才能在它们的规律性中表现出来。这就意味着，决定性也能推广到主体及其活动，而同时主体以自己的活动参加着事件的决定作用，如果从规律性的链条中排除了主体、人们、人们的活动，那末这链条是不能接合起来的。"[108]这段论述很有启发价值。历史规律不仅是客观运动的规律，也是主体实践活动的规律，用恩格斯的话来说，就是"人们自己的社会行动的规律"[109]。

立足于人的主体性来审视民族复兴的实现问题，也就是要依靠人民的强大力量来创造历史伟业。"与过去相比，现在，我们拥有的经济实力和财力大大提高了，我们掌握的各方面资源大大增加了，我们可以运用的科技手段大大丰富了，但我们必须牢记，世界上没有任何力量可以代替人民的力量。"[110]中国力量的实质是整个民族有意识的社会行动的合力，是广大人民群众创造历史的实践活动的合力。恩格斯曾指出："构成历史的真正的最后动力的动力，……与其说是个别人物，即使是非常杰出的人物的动机，不如说是使广大群众、使整个整个的民族，并且在每一民族中间又是使整个整个阶级行动起来的动机；而且也不是短暂的爆发和转瞬即逝的火光，而是持久的、引起重大历史变迁的行动。"[111] 由此可进一步得出我们的观点：中华民族伟大复兴是造福人民的美好事业，也是需要为之凝聚人民的行动合力的事业，而中国力量恰恰构成我们实现民族复兴的"真正的最后动力的动力"。

要汇聚起强大行动合力，首先要凝聚对实现中华民族伟大复兴的共识，以"求同—存异"的方式画好向往复兴的"最大思想同心圆"。习近平阐述道："我们十三亿人，八千二百多万党员，包括海外同胞，大家能凝聚共识，本身就是力量。同时，我们也要看到，不同地方、不同阶层、不同领域、不同方面，大家会有不同想法。那就要考虑，哪些是可以'求同'的？哪些是可以经过做工作形成或转化为共识的？哪些是可以继续'存异'的？把最大公约数找出来，在改革开放上形成聚焦，做事就能事半而功倍。磨刀不误砍柴工。这些工作要做，不要怕耽误功夫，事缓则圆。包括一些工作试点先行，也可以解决思想认识问题。我们要尊重人民首创精神，最大限度集中群众智慧，把党内外一切可以团结的力量广泛团结起来，把国内外一切可以调动的积极因素充分调动起来，汇合成推进改革开放的强大力量。"[112]

从思想认识上找出"最大公约数"，是为了进而凝聚中国人民对于推进社会革命的力量。在描述 18 世纪的英国状况时，恩格斯指出："英国的革命是社会革命，因此比任何其他一种革命都更广泛，更有深远影响。人类知识和人类生活关系中的任何领域，哪怕是最生僻的领域，无不对社会革命发生作用，同时也无不在这一革命的影响下发生某些变化。社会革命才是真正的革命，政治的和哲学的革命必定通向社会革命。"[113] 简言之，社会革命是哲学革命和政治革命的进一步发展，是一种更加广泛的、更加深刻的变革。

实现中华民族伟大复兴，是一场伟大的社会革命的继续，而在新时代要推进这一伟大的社会革命，需要团结一切可能团结的主体力量。

马克思主义传入中国以后，中国发生了意识形态领域的哲学革命，为民族复兴提供了指导思想。推翻"三座大山"和建立中华人民共和国，是一场轰轰烈烈的政治革命的胜利，开启了民族复兴的新征程。从此，这两种革命通向了"社会革命"。新中国成立以后中国人民以改造生产关系为主题的社会主义革命，确立了社会主义制度，实现了近代以来中国最为彻底的社会变革，为民族复兴奠定了根本的制度前提。社会主义制度确立以后，中国人民不断探索走自己的社会主义道路，积极承担起推进社会革命的历史主体责任。

改革开放以来中国特色社会主义道路的开辟，开启了社会主义现代化建设的新征程，在更加广泛的意义上加快了社会革命的进程。在"强起来"的民族复兴新起点上推进社会革命，其鲜明主题是"坚持和发展新时代中国特色社会主义"，而目标则是"全面建成社会主义现代化强国"。在新的背景下，习近平强调："新时代中国特色社会主义是我们党领导人民进行伟大社会革命的成果，也是我们党领导人民进行伟大社会革命的继续，必须一以贯之进行下去。历史和现实都告诉我们，一场社会革命要取得最终胜利，往往需要一个漫长的历史过程。"[114]

人民是推进这场伟大的社会革命的主体力量，而要凝聚这种中国力量，必须坚持党的领导。在中国道路上实现民族复兴伟业，关键是要增加和扩大我们的优势和特点，而最根本的就是要坚持党的全面领导。这是坚持政治定力的集中体现，也是确保走在时代前列的政治前提。只有坚持党对一切工作的领导，才能克服和解决社会革命中面临的重大挑战。"坚持中国共产党这一坚强领导核心，是中华民族的命运所系"[115]，而"历史已经并将继续证明，没有中国共产党的领导，民族复兴必然是空想"[116]。

领导人民推动社会革命不断朝着更大范围、更深层次发展，是新时代中国共产党勇于推进自我革命的现实依据。习近平强调："中国共产党立志于中华民族千秋伟业……中国共产党是世界上最大的政党。大就要有大的样子。实践充分证明，中国共产党能够带领人民进行伟大的社会革命，也能够进行伟大的自我革命。我们要永葆蓬勃朝气，永远做人民公仆、时代先锋、民族脊梁……以全党的强大正能量在全社会凝聚起推动中国发展进步的磅礴力量。"[117] 从政党的基本属性来看，在进行社会革命之时不忘以自我革命推进党的建设伟大工程，是中国共产党区别于其他政党的本质规定性。从政党的使命任务来看，使社会革命和自我革命相互促进、相得益彰，也是党之所以能够领导人民不断开创民族复兴伟业的关键所在。

　　中国共产党进行自我革命，是需要巨大的政治勇气的，彰显了"向体内病灶开刀"的自觉性。其实质是要解决中国共产党自身存在的两大突出问题，一是弱化先进性的问题，二是损害纯洁性的问题。党的自我革命，其基本途径是实现"四个自我"：一是解决思想不纯的问题，强化党内监督、群众监督，铲除腐败这个对党内政治生态的致命污染源，实现"自我净化"；二是勇于揭露和改进党的基层组织建设、党内法规制度体系建设等方面存在的短板和不足，实现"自我完善"；三是以改革创新精神为指引推进党的建设工程，使党的领导既"跟上时代"又"引领时代"，实现"自我革新"；四是激活党内政治生活的教育主渠道功能，建设马克思主义学习型政党，全面夯实党的执政本领，实现"自我提高"。这四个方面并不是孤立的，协同推进"四个自我"，是中国共产党实现自我革命的现实选择。

　　总而言之，无论是领导进行社会革命，还是进行党的自我革命，其归根到底都是要解决人民群众普遍关心、利益攸关的突出问题。在推进社会革命的同时不断深化自我革命，是顺应民心民意的工作，因而反过来也有助于促进进一步画好思想同心圆，从而最大限度地凝聚起实现中华民族伟大复兴的中国力量。

注　释

　　[1]《阔步走在中华民族伟大复兴的历史征程上——记以习近平同志为总书记的党中央推进全方位外交的成功实践》，《人民日报》2016年1月5日。
　　[2]《"我们对于时间的理解"（习近平主席访问欧洲微镜头）》，《人民日报》

2019 年 3 月 26 日。

　　[3]《马克思恩格斯文集》第 8 卷，人民出版社 2009 年版，第 338 页。

　　[4]《马克思恩格斯文集》第 5 卷，人民出版社 2009 年版，第 823 页。

　　[5]《马克思恩格斯文集》第 2 卷，人民出版社 2009 年版，第 36 页。

　　[6][英]艾瑞克·霍布斯鲍姆：《革命的年代：1789—1848》，王章辉等译，中信出版社 2017 年版，第 64 页。

　　[7]《毛泽东文集》第 8 卷，人民出版社 1999 年版，第 340 页。

　　[8]《邓小平文选》第 3 卷，人民出版社 1993 年版，第 227 页。

　　[9]《习近平关于实现中华民族伟大复兴的中国梦论述摘编》，中央文献出版社 2013 年版，第 10 页。

　　[10]《习近平谈治国理政》，外文出版社 2014 年版，第 3 页。

　　[11]《毛泽东选集》第 4 卷，人民出版社 1991 年版，第 1470 页。

　　[12]《习近平新时代中国特色社会主义三十讲》，学习出版社 2018 年版，第 33 页。

　　[13]《十八大以来重要文献选编》（上），中央文献出版社 2014 年版，第 109 页。

　　[14]《毛泽东选集》第 4 卷，人民出版社 1991 年版，第 1470—1471 页。

　　[15]《马克思恩格斯文集》第 1 卷，人民出版社 2009 年版，第 538—539 页。

　　[16]《列宁专题文集　论社会主义》，人民出版社 2009 年版，第 4 页。

　　[17]习近平：《在纪念五四运动 100 周年大会上的讲话》，《人民日报》2019 年 5 月 1 日。

　　[18]习近平：《在庆祝改革开放 40 周年大会上的讲话》，《人民日报》2018 年 12 月 19 日。

　　[19]《习近平新时代中国特色社会主义三十讲》，学习出版社 2018 年版，第 34 页。

　　[20]《毛泽东选集》第 3 卷，人民出版社 1991 年版，第 1080 页。

　　[21]《毛泽东文集》第 7 卷，人民出版社 1999 年版，第 207 页。

　　[22]《毛泽东文集》第 8 卷，人民出版社 1999 年版，第 116 页。

　　[23]参见《改革开放三十年重要文献选编》（上），人民出版社 2008 年版，第 186—187 页。

　　[24]《邓小平文选》第 2 卷，人民出版社 1994 年版，第 300 页。

　　[25]《邓小平文选》第 2 卷，人民出版社 1994 年版，第 150 页。

　　[26]《邓小平文选》第 3 卷，人民出版社 1993 年版，第 242 页。

　　[27]《习近平谈治国理政》，外文出版社 2014 年版，第 167 页。

　　[28]《毛泽东选集》第 4 卷，人民出版社 1991 年版，第 1438 页。

　　[29]习近平：《在庆祝中国共产党成立 95 周年大会上的讲话》，人民出版社 2016 年版，第 7 页。

　　[30]习近平：《在北京大学师生座谈会上的讲话》，人民出版社 2018 年版，第 2 页。

〔31〕《习近平谈治国理政》第 2 卷，外文出版社 2017 年版，第 81 页。

〔32〕参见《习近平在省部级主要领导干部坚持底线思维着力防范化解重大风险专题研讨班开班式上发表重要讲话强调 提高防控能力着力防范化解重大风险 保持经济持续健康发展社会大局稳定》，《人民日报》2019 年 1 月 22 日。

〔33〕《邓小平文选》第 3 卷，人民出版社 1993 年版，第 325—326 页。

〔34〕《习近平关于社会主义政治建设论述摘编》，中央文献出版社 2017 年版，第 18 页。

〔35〕《十八大以来重要文献选编》（上），中央文献出版社 2014 年版，第 465 页。

〔36〕《十八大以来重要文献选编》（上），中央文献出版社 2014 年版，第 113 页。

〔37〕《习近平谈治国理政》第 2 卷，外文出版社 2017 年版，第 327 页。

〔38〕《习近平谈治国理政》第 2 卷，外文出版社 2017 年版，第 75—76 页。

〔39〕习近平：《在中国科学院第十九次院士大会、中国工程院第十四次院士大会上的讲话》，人民出版社 2018 年版，第 8 页。

〔40〕《邓小平文选》第 3 卷，人民出版社 1993 年版，第 377—378 页。

〔41〕习近平：《在中国科学院第十九次院士大会、中国工程院第十四次院士大会上的讲话》，人民出版社 2018 年版，第 7 页。

〔42〕《邓小平文选》第 3 卷，人民出版社 1993 年版，第 378—379 页。

〔43〕《邓小平文选》第 3 卷，人民出版社 1993 年版，第 380 页。

〔44〕《习近平在省部级主要领导干部坚持底线思维着力防范化解重大风险专题研讨班开班式上发表重要讲话强调 提高防控能力着力防范化解重大风险 保持经济持续健康发展社会大局稳定》，《人民日报》2019 年 1 月 22 日。

〔45〕《改革开放三十年重要文献选编》（上），人民出版社 2008 年版，第 212 页。

〔46〕《习近平谈治国理政》，外文出版社 2014 年版，第 40 页。

〔47〕《马克思恩格斯文集》第 1 卷，人民出版社 2009 年版，第 531 页。

〔48〕《马克思恩格斯文集》第 1 卷，人民出版社 2009 年版，第 531 页。

〔49〕《习近平关于全面建成小康社会论述摘编》，中央文献出版社 2016 年版，第 129 页。

〔50〕《马克思恩格斯文集》第 1 卷，人民出版社 2009 年版，第 603—604 页。

〔51〕《马克思恩格斯文集》第 5 卷，人民出版社 2009 年版，第 10—13 页。

〔52〕《邓小平文选》第 2 卷，人民出版社 1994 年版，第 208 页。

〔53〕习近平：《出席第三届核安全峰会并访问欧洲四国和联合国教科文组织总部、欧盟总部时的演讲》，人民出版社 2014 年版，第 16—17 页。

〔54〕《十八大以来重要文献选编》（中），中央文献出版社 2016 年版，第 482 页。

〔55〕《邓小平文选》第 2 卷，人民出版社 1994 年版，第 40 页。

〔56〕《习近平在学习贯彻党的十九大精神研讨班开班式上发表重要讲话强

调 以时不我待只争朝夕的精神投入工作 开创新时代中国特色社会主义事业新局面》,《人民日报》2018年1月6日。

[57]《改革开放三十年重要文献选编》(下),人民出版社 2008 年版,第 1138 页。

[58]《习近平关于全面建成小康社会论述摘编》,中央文献出版社 2016 年版,第 190 页。

[59]《习近平关于协调推进"四个全面"战略布局论述摘编》,中央文献出版社 2015 年版,第 5 页。

[60] 习近平:《顺应时代潮流 实现共同发展——在金砖国家工商论坛上的讲话》,《人民日报》2018 年 7 月 26 日。

[61] 习近平:《习近平主席在出席世界经济论坛 2017 年年会和访问联合国日内瓦总部时的演讲》,人民出版社 2017 年版,第 20 页。

[62]《邓小平文选》第 3 卷,人民出版社 1993 年版,第 282 页。

[63]《习近平关于实现中华民族伟大复兴的中国梦论述摘编》,中央文献出版社 2013 年版,第 74 页。

[64]《邓小平文选》第 3 卷,人民出版社 1993 年版,第 105 页。

[65] 习近平:《为建设更加美好的地球家园贡献智慧和力量——在中法全球治理论坛闭幕式上的讲话》,《人民日报》2019 年 3 月 27 日。

[66] 习近平:《弘扬和平共处五项原则建设合作共赢美好世界——在和平共处五项原则发表 60 周年纪念大会上的讲话》,人民出版社 2014 年版,第 12 页。

[67] 习近平:《习近平在对美国进行国事访问时的讲话》,人民出版社 2015 年版,第 20 页。

[68] 习近平:《在哲学社会科学工作座谈会上的讲话》,人民出版社 2016 年版,第 21 页。

[69]《毛泽东选集》第 1 卷,人民出版社 1991 年版,第 3 页。

[70]《习近平谈治国理政》,外文出版社 2014 年版,第 21 页。

[71]《马克思恩格斯文集》第 2 卷,人民出版社 2009 年版,第 591 页。

[72]《马克思恩格斯文集》第 2 卷,人民出版社 2009 年版,第 14 页。

[73]《马克思恩格斯文集》第 3 卷,人民出版社 2009 年版,第 601 页。

[74]《建党以来重要文献选编(1921 ~ 1949)》第 15 册,中央文献出版社 2011 年版,第 651 页。

[75]《马克思恩格斯文集》第 1 卷,人民出版社 2009 年版,第 12 页。

[76] 习近平:《辩证唯物主义是中国共产党人的世界观和方法论》,《求是》2019 年第 1 期。

[77]《习近平在中共中央政治局第十一次集体学习时强调 推动全党学习和掌握历史唯物主义 更好认识规律更加能动地推进工作》,《人民日报》2013 年 12 月 5 日。

［78］《江泽民文选》第 3 卷，人民出版社 2006 年版，第 274 页。

［79］《习近平关于协调推进"四个全面"战略布局论述摘编》，中央文献出版社 2015 年版，第 74 页。

［80］《习近平关于社会主义政治建设论述摘编》，中央文献出版社 2017 版，第 7 页。

［81］习近平：《在庆祝改革开放 40 周年大会上的讲话》，《人民日报》2018 年 12 月 19 日。

［82］习近平：《在纪念马克思诞辰 200 周年大会上的讲话》，人民出版社 2018 年版，第 18 页。

［83］《习近平关于协调推进"四个全面"战略布局论述摘编》，中央文献出版社 2015 年版，第 75 页。

［84］习近平：《在庆祝中国共产党成立 95 周年大会上的讲话》，人民出版社 2016 年版，第 15 页。

［85］《习近平在中共中央政治局第十一次集体学习时强调　推动全党学习和掌握历史唯物主义　更好认识规律更加能动地推进工作》，《人民日报》2013 年 12 月 5 日。

［86］《毛泽东文集》第 7 卷，人民出版社 1999 年版，第 162 页。

［87］《马克思恩格斯文集》第 1 卷，人民出版社 2009 年版，第 188 页。

［88］习近平：《在纪念红军长征胜利 80 周年大会上的讲话》，人民出版社 2016 年版，第 9 页。

［89］《马克思恩格斯文集》第 10 卷，人民出版社 2009 年版，第 592 页。

［90］习近平：《在纪念红军长征胜利 80 周年大会上的讲话》，人民出版社 2016 年版，第 9 页。

［91］习近平：《在中国文联十大、中国作协九大开幕式上的讲话》，人民出版社 2016 年版，第 5 页。

［92］《习近平关于全面深化改革论述摘编》，中央文献出版社 2014 年版，第 88 页。

［93］习近平：《在纪念中国人民抗日战争暨世界反法西斯战争胜利 69 周年座谈会上的讲话》，人民出版社 2014 年版，第 8 页。

［94］习近平：《在文艺工作座谈会上的讲话》，人民出版社 2015 年版，第 22 页。

［95］习近平：《在纪念五四运动 100 周年大会上的讲话》，《人民日报》2019 年 5 月 1 日。

［96］习近平：《在纪念中国人民抗日战争暨世界反法西斯战争胜利 69 周年座谈会上的讲话》，人民出版社 2014 年版，第 8 页。

［97］习近平：《在纪念五四运动 100 周年大会上的讲话》，《人民日报》2019 年 5 月 1 日。

［98］《习近平谈治国理政》第 2 卷，外文出版社 2017 年版，第 349 页。

［99］习近平：《决胜全面建成小康社会 夺取新时代中国特色社会主义伟大胜利——在中国共产党第十九次全国代表大会上的报告》，人民出版社 2017 年版，第40—41 页。

［100］《毛泽东选集》第 2 卷，人民出版社 1991 年版，第 533—534 页。

［101］《习近平谈治国理政》，外文出版社 2014 年版，第 164 页。

［102］参见《习近平总书记系列重要讲话读本》，学习出版社、人民出版社 2016 年版，第 203 页。

［103］习近平：《辩证唯物主义是中国共产党人的世界观和方法论》，《求是》2019 年第 1 期。

［104］习近平：《决胜全面建成小康社会 夺取新时代中国特色社会主义伟大胜利——在中国共产党第十九次全国代表大会上的报告》，人民出版社 2017 年版，第 41 页。

［105］《毛泽东文集》第 2 卷，人民出版社 1993 年版，第 190—191 页。

［106］习近平：《在第十二届全国人民代表大会第一次会议上的讲话》，人民出版社 2013 年版，第 4—5 页。

［107］《毛泽东选集》第 3 卷，人民出版社 1991 年版，第 1031 页。

［108］［俄］谢·列·鲁宾斯坦：《存在和意识》，赵璧如译，三联书店 1980 年版，第 350 页。

［109］《马克思恩格斯文集》第 3 卷，人民出版社 2009 年版，第 564 页。

［110］《十七大以来重要文献选编》(中)，中央文献出版社 2011 年版，第 1012 页。

［111］《马克思恩格斯文集》第 4 卷，人民出版社 2009 年版，第 304 页。

［112］《习近平关于全面深化改革论述摘编》，中央文献出版社 2014 年版，第 31—32 页。

［113］《马克思恩格斯文集》第 1 卷，人民出版社 2009 年版，第 87 页。

［114］《习近平在学习贯彻党的十九大精神研讨班开班式上发表重要讲话强调 以时不我待只争朝夕的精神投入工作 开创新时代中国特色社会主义事业新局面》，《人民日报》2018 年 1 月 6 日。

［115］《习近平谈治国理政》第 2 卷，外文出版社 2017 年版，第 18 页。

［116］习近平：《决胜全面建成小康社会 夺取新时代中国特色社会主义伟大胜利——在中国共产党第十九次全国代表大会上的报告》，人民出版社 2017 年版，第 16 页。

［117］《习近平在十九届中共中央政治局常委同中外记者见面时强调 新时代要有新气象更要有新作为 中国人民生活一定会一年更比一年好》，《人民日报》2017 年 10 月 26 日。

第三章　从世界社会主义发展史看
习近平新时代中国特色社会主义思想 *

　　2013 年 1 月 5 日，习近平在新进中央委员会的委员、候补委员学习贯彻党的十八大精神研讨班上发表重要讲话指出："中国特色社会主义，是科学社会主义理论逻辑和中国社会发展历史逻辑的辩证统一，是根植于中国大地、反映中国人民意愿、适应中国和时代发展进步要求的科学社会主义，是全面建成小康社会、加快推进社会主义现代化、实现中华民族伟大复兴的必由之路。"[1] 上百年来，世界社会主义运动风起云涌，作为信念的社会主义激励着一代又一代志士仁人前赴后继、勇往直前，科学社会主义理论不断探索与发展，作为制度的社会主义历经艰难险阻、勇敢开拓。中国人民通过反复比较和总结，历史地选择了马克思主义、选择了社会主义道路，

　　* 本章作者：复旦大学马克思主义学院教授肖巍；复旦大学马克思主义学院副教授韩欲立、林青；复旦大学马克思主义学院讲师任帅军。

中国共产党在带领全国各族人民推进中国革命、建设和改革的进程中，把马克思主义基本原理同中国实际和时代特征结合起来，独立自主走自己的路，开创和发展着中国特色社会主义。我们可以充满自信地说，只有社会主义才能救中国，只有中国特色社会主义才能发展中国。社会主义在中国的成功，对马克思主义、对世界社会主义，都具有十分重大的意义。中国特色社会主义进入新时代，科学社会主义在 21 世纪的中国焕发出强大生机活力，对人类政治文明形态作出了新贡献，丰富了人类对未来世界的美好向往，对世界社会主义运动发展的意义十分重大。

一、世界社会主义的发展历程

社会主义代表着对资本主义剥削、压迫的不满和反抗。如果从莫尔提出"乌托邦"设想算起，五百年来各种关于社会主义的理想方案和实践模式此起彼伏，生生不息，其产生、成长和发展都是针对不同时期资本主义所出现不同问题，记录了人们对社会主义理想、信念孜孜不倦的追求，反映了社会主义的生命力和吸引力。19 世纪 40 年代以后，马克思、恩格斯逐步创立了科学社会主义，并亲自参与指导了无产阶级革命运动的国际联合。尤其是 20 世纪以来，因为在马克思主义指导下出现了社会主义这样一种国家、一种制度，打破了资本主义对世界秩序的独占，形成了两种制度、两种意识形态的对立和竞争的世界格局。然而，由于复杂的历史和现实原因，社会主义国家其实并没有完全搞清楚什么是社会主义，怎样建设社会主义，内外政策都出现了失误，这些失误和弊端在冷战后期又进一步放大，终于导致东欧剧变、苏联解体，世界社会主义遭遇巨大挫折。当然，在人类历史长河中，任何社会形态的更替都要经历一个曲折漫长的过程，社会主义代替资本主义要从根本上消灭剥削关系和私有制度，建立一个消灭阶级和阶级差别，真正实现人的自由全面发展的新型社会，不可能一蹴而就。就在世界社会主义处于低谷的关键时刻，中国特色社会主义迎难而上，开拓进取，不断取得改革开放和社会主义现代化建设的历史性成就，举世瞩目，并为世界社会主义的复兴提供了坚强示范。

（一）社会主义既是理论也是运动

马克思、恩格斯在 19 世纪中叶资本主义基本矛盾日益突出、无产阶级和资产阶级对抗日益尖锐的情况下，基于唯物史观和剩余价值学说这两大发现，使社会主义从空想变为了科学。马克思、恩格斯认为，现代社会主义表达了无产阶级迫切要求改变现状的经济诉求和政治意愿，但又并不意味着凭空设想一种尽可能完善的社会理想，而是通过深入理解无产阶级斗争的性质、条件和目的，为这种斗争提供思想武器。"完成这一解放世界的事业，是现代无产阶级的历史使命。深入考察这一事业的历史条件以及这一事业的性质本身，从而使负有使命完成这一事业的今天受压迫的阶级认识到自己的行动的义的任务。"[2]

马克思、恩格斯并没有对未来社会的具体情况提供什么"预定看法",也反对提出一劳永逸的方案。"共产主义不是教义,而是运动。它不是从原则出发,而是从事实出发。"[3]"(社会主义的)任务不再是构想出一个尽可能完善的社会体系,而是研究必然产生这两个阶级及其相互斗争的那种历史的经济的过程;并在由此造成的经济状况中找出解决冲突的手段。"[4] 在将来某个特定的时刻应该做些什么,应该马上做些什么,完全取决于人们在其中活动的那个历史环境。在《共产党宣言》1872 年德文版序言中,马克思、恩格斯指出,共产主义原理的实际应用"随时随地都要以当时的历史条件为转移"。从科学社会主义的运动本性出发,马克思、恩格斯始终关注无产阶级的革命运动,积极投身于这种运动。

世界社会主义运动的发展充满艰辛、可歌可泣,特别是 20 世纪以来,世界社会主义运动经历了两次高潮和两次低谷的曲折过程。20 世纪世界社会主义运动的第一次高潮以十月革命为标志,以列宁为首的俄国布尔什维克党,利用第一次世界大战造成的深刻社会危机和革命形势,领导二月革命推翻沙皇政府,又迅速推进到社会主义性质的十月革命,并在其后的国内战争中打败了国内叛乱和国际反动势力的武装干涉,缔造并巩固了世界第一个社会主义国家。十月革命使社会主义从理想变为现实、从科学理论变为社会制度,引发了各国工人运动的连锁反应,世界社会主义运动出现第一次高潮。20 世纪 20 年代中期,中西欧一些国家无产阶级效法十月革命而举行的武装起义的失败，以及 1927 年中国大革命的失败，使第一次世界社会主义运动从高潮进入低谷。

在第二次世界大战中，社会主义苏联主要依靠自己的力量，赢得了苏德战场的伟大胜利，并为支持世界反法西斯斗争作出了重大贡献，也证明了社会主义的巨大生命力。二战后，世界社会主义运动在资本主义全球秩序的又一次大动荡大调整中，出现了第二次高潮，东欧、亚洲建立了一批社会主义国家，形成了社会主义阵营，占世界 1/3 人口、1/4 面积，强劲改变了世界政治版图。并且，社会主义运动也极大鼓舞了亚非拉原殖民地半殖民地国家（地区）的民族解放运动，资本主义殖民体系土崩瓦解。20 世纪 60 年代以后，第二次世界社会主义运动的良好势头开始发生波折，70—80 年代以后，世界社会主义发展逐渐进入衰退，并随着东欧剧变、苏联解体而陷入最低点。

资本主义国家通过产业升级和新科技革命促进了生产力发展，并加强了国家对经济社会生活的干预，福利体制和政策也抑制了革命的因素。二是现实中的社会主义国家是在经济文化落后的基础上，主要依靠政治力量建立社会主义制度，它力图赶超资本主义，但还没有如马克思所指示的那样积极吸收后者所创造的"一切积极的成果"，也没有认真肃清自身国度遗留下来的落后东西，这些阻碍乃至侵蚀了社会主义事业的健康成长。三是苏联共产党以"老子党"自居，推行大国沙文主义和霸权主义，导致社会主义阵营四分五裂。四是苏联与美国在冷战中争夺世界霸权，却在旷日持久的军备竞赛和全面国力竞争中越来越力不从心，尤其是面对着70—80年代以后西方资本主义阵营中新自由主义的兴起，面对着对方新的经济社会变革、政治军事攻势、意识形态武器，苏联和东欧的社会主义国家却忽视了自身理论和实践的改革创新，陷入僵化教条和盲动改革的进退失据。

（二）社会主义的重要使命是发展生产力

列宁主义深刻分析了资本主义进入帝国主义阶段后，处在一个帝国主义战争和无产阶级革命的时代，"战争与革命"是时代主题。也就是说，帝国主义不可避免地会导致战争和全面社会危机，无产阶级要利用这一危机形势夺取政权，建立社会主义制度。在这个时代主题之下，对于社会主义革命来说，能否抓住革命危机是一个关键，首先是要夺取政权，从而为建设社会主义创造政治前提。列宁领导布尔什维克党取得十月革命的胜利抓住了这个关键。毛泽东结合中国的国情，认为共产党领导的中国革命运动包括新民主主义革命和社会主义革命两个阶段，在条件具备时，必须将新民主主义革命不停顿地转变为社会主义革命。中国革命之取得成功并建立了社会主义制度也是抓住了这个关键。20世纪先后走上社会主义道路的，几乎都是经济文化落后的国家，这种并非马克思、恩格斯所设想的建立在资本主义高度发达基础上的社会主义，不可避免地带有不发达的特征，或者如邓小平更加直截了当地评价的，"虽说我们也在搞社会主义，但事实上不够格"[5]。

面对与资本主义的激烈竞争，现实社会主义必然面对逆水行舟、不进则退的艰巨挑战，社会主义的胜利，不能仅仅依靠革命，还要建设"够格"的社会主义，使人民信服社会主义优越性。东欧剧变、苏联解体既是社会主义发展的严重挫折，也表明在经济文化落后国家建立起来的社会主义，在之后的建设过程中总体上还不能算是达成了"够格"的标准，乃至正如邓小平所说："从一定意义上说，某种暂时复辟也是难以完全避免的规律性现象。"[6] 社会主义的根本任务是发展生产力，只有大力发展生产力，才能增强社会主义的综合国力，改善和提高人民的生活水平，并进一步推动社会主义各个领域的建设，巩固社会主义制度。这就是为什么经过"文革"，社会主义中国痛定思痛，要大力发展生产力，党和国家工作中心必须转移到经济建设上来，必须实行改革开放的历史性决策。

尤其是随着二战后相当长一段历史时期的发展，战争与革命的硝烟逐渐淡出，新的时代特征逐渐显露。邓小平果断放弃了战争不可避免而且迫在眉睫的看法，作出了新的时代主题的判断。他指出中国要做的事很多，但归根到底是两件大事，一是和平问题，一是发展问题，这是密不可分的两个方面，中国发展了，全世界要求和平的国家发展了，就更有利于维护世界和平。[7] 根据这个判断，争取较长时期的和平国际环境和良好周边环境就是可以实现的，重要的是必须把握好这个时代课题，抓住机遇发展自己，建设好社会主义，"首先就是我们能够安安心心地搞建设，把我们的重点转到建设上来。"[8]

邓小平在南方谈话中又用了几个时间概念强调这个阶段性：我们建设有中国特色社会主义的体制改革要在各方面形成一整套更加成熟、更加定型的制度恐怕还要三十年的时间；把我国建设成中等水平的发达国家，如果从新中国成立算起要用一百年时间；党的基本路线要管一百年，动摇不得；巩固和发展社会主义制度，还需要一个很长的历史阶段，需要我们几代人、十几代人，甚至几十代人坚持不懈地努力奋斗，决不能掉以轻心。这是一个明确的历史定位和使命，也是建设中国特色社会主义的总依据，是我们要牢牢把握的最大国情、牢牢立足的最大实际。我们必须坚决抵制抛弃社会主义的各种错误主张，自觉纠正超越阶段的错误观念；集中精力办好中国的事情，不断壮大我们的综合国力，不断改善人民群众的生活，为我们赢得主动、赢得优势、赢得未来打下更加坚实的基础。

邓小平语重心长地指出："社会主义是一个很好的名词，但是如果搞不好，不能正确理解，不能采取正确的政策，那就体现不出社会主义的本质。"[9]我们相信，社会主义总的来说比资本主义优越，但现在我们还没有资格讲这个话，"要靠我们的发展来证明这一点。我们要做的事就是证明社会主义优于资本主义"[10]。相对于资本主义几百年的发展来说，社会主义还是很年轻的事业。改革开放，就是社会主义制度的自我完善和发展，决不是要改掉社会主义制度，我们既坚定不移地进行改革开放，又坚定不移地坚持中国共产党领导、坚持社会主义。实践发展永无止境，认识发展永无止境，理论创新永无止境。建设好中国特色社会主义，就是社会主义中国对世界社会主义发展的最大贡献。中国特色社会主义的发展成就丰富了社会主义的内涵，体现了社会主义的顽强生命力，将对世界社会主义发展产生不可估量的影响。

（三）社会主义制度的生命在于改革创新

马克思、恩格斯关于共产主义"不是教义，而是运动"、共产主义原理的实际应用"随时随地都要以当时的历史条件为转移"的指示，这尤其适用于社会主义制度建立之后的建设方略，社会主义社会不是一成不变的东西，"而应当和任何其他社会制度一样，把它看成是经常变化和改革的社会"[11]。从纵向看，如果不顾时代发生的变化，拘泥于经典和权威的某些判断结论、固守自己之前的某些成功做法，那么就会犯脱离实际的教条主义错误。从横向看，各国国情不同，对一个国家来说是好的做法，对另一国家可能就行不通甚至是有害的。后来各国社会主义革命和建设的实践，都在不断证明着社会主义的运动发展特性。准确判断我们所处的时代特征，正确认识和把握社会主义的发展阶段，就是提出社会主义建设理论、制定社会主义发展战略的基本依据。

在马克思、恩格斯看来，建立一个劳动者阶级当家作主的社会主义社会，是彻底解决资本主义基本矛盾的唯一替代性方案，而按照马克思、恩格斯的基本设想，为了克服资本主义的基本矛盾，社会主义将是一个建立于生产资料社会所有制基础上的新制度，由社会作为一个整体来占有全部生产资料，实行生产资料公有制，实行有计划的生产。但现实情况并不那么简单，布尔什维克党人在经历"战时共产主义"和"新经济政策"的探索之后，最终面对复杂严峻的国内外形势，选择强制推行高度集中的计划经济体制，保证了苏联国民经济体系的建立和迅速发展，这种做法也符合苏联当时基本上还是一个农业国，又处在资本主义包围之中，不得不进行大规模备战并加入战争状态的实际。世界反法西斯战争的胜利，形成了以苏联为首的社会主义阵营。随着一批社会主义国家及其制度建立，共产党和社会主义政党的工作重心也由革命转向了建设，并同以美国为首的资本主义阵营展开了激烈竞争，事实上开始了从为夺取政权而奋斗的革命党向掌握全国政权的执政党的转型。战后的社会主义国家几乎都照搬了苏联体制，它们长期受国际资本压迫，自身经济文化落后，迫切希望通过赶超战略摆脱困境，再加上苏联对各国社会主义革命和建设的支援和指导地位，都使得苏联式计划经济体制所具有的强大动员能力、集中资源配置以及高积累机制，成为社会主义国家的"标配"，这具有当时历史条件下的现实合理性。

但是，社会主义苏联是一个国家率先摸索出来的道路，基于特殊的自身条件和地缘环境，并不都具有普遍意义。随着历史条件转移和国际形势变化，斯大林及其继任者缺乏对出现问题的认真反思，未能探索新条件、新形势下的社会主义，未能正确地改革那些已经不合时宜的东西，逐渐积累了大量社会矛盾，埋下了失败的种子。20世纪60—80年代，苏联和东欧国家领导人也尝试进行了某些改革，但他们背着沉重的历史包袱，并在指导思想和实践决策上不断出现重大失误，偏离了社会主义改革方向，他们还没有来得及认真总结经验教训，就纷纷在 80 年代以后陷入困顿，并在国际大气候和国内小气候促发的政治剧变中改弦易辙，第一个社会主义国家轰然解体，世界社会主义运动从低潮跌入谷底。

对此，中国共产党人较早有着比较清醒的认识，中国在革命时期就对于盲目迷信照搬苏联的危害有着深切感受并进行了科学探索。

毛泽东指出："马克思列宁主义的伟大力量，就在于它是和各个国家具体的革命实践相联系的。……使马克思主义在中国具体化，使之在其每一表现中带着必须有的中国特性，即是说，按照中国的特点去应用它，成为全党亟待了解并亟须解决的问题。"[12] 在革命成功之后，我们也尝试摆脱苏联模式的束缚，探索符合中国国情的社会主义建设道路。最终，在以邓小平为核心的第二代中央领导集体主持下，中国共产党逐步形成了"一个中心、两个基本点"的社会主义初级阶段基本路线，这条路线的展开就是建设（有）中国特色的社会主义，从理论和实践的结合上初步回答了在中国什么是社会主义、怎样建设社会主义的问题。社会主义中国克服国内风波困难，顶住了东欧剧变、苏联解体的巨大压力，站稳了脚跟，韬光养晦，有所作为。正如邓小平所说："一些国家出现严重曲折，社会主义好像被削弱了，但人民经受锻炼，从中吸取教训，将促使社会主义向着更加健康的方向发展。"[13] 中国特色社会主义建设加快了步伐，取得了骄人的成就。

中国共产党现行党章的总纲中这样表述说："中国共产党人追

求的共产主义最高理想，只有在社会主义社会充分发展和高度发达的基础上才能实现。社会主义制度的发展和完善是一个长期的历史过程。坚持马克思列宁主义的基本原理，走中国人民自愿选择的适合中国国情的道路，中国的社会主义事业必将取得最终的胜利。"这段话对理想信念和现实国情的辩证关系的表述简明扼要，但充满了科学社会主义的深刻性。中国选择走社会主义道路，是近代以来中国各种政治力量反复较量的结果。自从社会主义思想开始植根中国大地，中国共产党就逐步形成并不断增强理论与实际相结合的自觉，中国共产党人每一次具有历史转折意义的探索和创造，都是既坚持科学社会主义基本原则又根据具体实际和时代特征赋予其鲜明特色的结果。"进入21世纪，中国特色社会主义已经成为当代世界社会主义发展图谱上一道最为亮丽的风景线。但是，'中国梦'既不是莫尔等人所幻想的乌托邦，也不是欧文等人所设计的'新和谐'。中国特色社会主义既不同于它所从中脱胎出来的苏联模式，更不同于各种民主社会主义或社会民主主义模式，也不同于当今世界各色各样的民族社会主义模式，而是深深扎根于中国大地上的活生生的实践，是彻底中国化了的社会主义新模式。"[14]党的十九大报告指出："实现中华民族伟大复兴，必须建立符合我国实际的先进社会制度。我们党团结带领人民完成社会主义革命，确立社会主义基本制度，推进社会主义建设，完成了中华民族有史以来最为广泛而深刻的社会变革，为当代中国一切发展进步奠定了根本政治前提和制度基础，实现了中华民族由近代不断衰落到根本扭转命运、持续走向繁荣富强的伟大飞跃。"[15] 社会主义从来都是在开拓中前进的。坚持和发展中国特色社会主义也要辩证统一，中国特色社会主义走进了新时代，面对艰难险阻，只有逢山开路、遇水架桥，不断推进中国特色社会主义理论创新、实践创新、制度创新、文化创新。社会主义中国必将在中国特色社会主义的新时代当中，拥有更加豪迈的自信、更加开阔的视野、更加雄浑的气魄。

二、世界社会主义发展面临的若干重大挑战

社会主义是推进人类共同幸福和进步的伟大事业，社会主义改变了中国贫穷落后、饱受欺凌的命运，中国特色社会主义为世界社会主义发展道路贡献了新的方案和道路选择。"中国共产党领导中国人民取得的伟大胜利，使具有 500 年历史的社会主义主张在世界上人口最多的国家成功开辟出具有高度现实性和可行性的正确道路，让科学社会主义在 21 世纪焕发出新的蓬勃生机。"[16] 历史已经证明，中国特色社会主义道路的成功击碎了"苏东剧变"后西方学者宣布的所谓资本主义全面胜利、社会主义已经失败了的荒谬论断，世界社会主义发展还将不断迎接新的发展机遇和历史性挑战，新时代中国特色社会主义正以前所未有的宏大历史视野和世界关怀，向世界展示社会主义发展光明灿烂的前景。

（一）历史进步面临"终结论"的挑战

随着苏联和东欧社会主义国家相继垮台，世界社会主义运动面临着前所未有的重大挫折，社会主义国家艰难改革，西方国家的共产党组织，有的自行解散，有的则变更了自己的名称；发展中国家的社会主义运动也遭受世界资本主义阵营的打击处于低潮。资产阶级学者弗朗西斯·福山以一种变了形的黑格尔主义历史哲学的叙事模式，狂妄地断言说：我们将见证的可能不只是冷战的终结，或者某一特定战后历史时期的结束，而是"历史的终结"，是人类思想演进和西方自由民主——作为人类治理最终形式——普遍化的终点。英国前首相撒切尔夫人更是直白地说，当今人类除了接受资本主义之外"别无选择"！然而时至今日，以资本主义、个人主义为核心价值的新自由主义，并没有为世界人民带来它所承诺的福音，它所带来的是不断爆发的战争灾难、对发展中国家的掠夺，自由市场万能论和资本主义普世性已经被历史证明了其虚伪性。

尤其具有讽刺意味的是，西方资本主义国家在欢庆"历史的终结"20年后，以美国为首的发达资本主义世界因为金融危机相继陷入经济衰退和社会动荡，为了自救，美国等西方国家采取了以邻为壑的政策，实行一轮又一轮的量化宽松政策，将金融危机转嫁给其他国家。西方向发展中国家兜售的新自由主义的治理模式"华盛顿共识"却面临着真正的"历史的终结"。以拉美国家为例，"华盛顿共识"30年来的效果糟糕透顶，在此期间，整个拉美地区的人均

GDP 年增长率不到 1%，而在实行"华盛顿共识"之前的 1960 年至 1981 年却有着 2.6% 的年增长率。[17] 走西方私有化、自由化和市场化道路的发展中国家几乎无一例外地遭遇了经济的大起大落，巨大的社会财富被西方垄断资本席卷一空。而在同时期的中国，坚持中国特色社会主义道路，在政治、经济、文化、社会和生态建设等各个方面取得了举世瞩目的傲人成就。马克思主义早就告诉我们，资本主义的本性决定了它根本不可能以人类共同进步为其目标。正是从世界社会主义和全球资本主义发展的历史高度，习近平指出："历史没有终结，也不可能被终结。"[18]

　　历史没有终结，是因为苏联模式的失败并不意味着科学社会主义的失败。苏联模式的社会主义逐渐偏离了时代和人民的要求，脱离了科学社会主义的道路，最终在背离社会主义的改革当中走向败亡。与苏联模式不同的是，中国特色社会主义坚持以经济建设为中心，突破了计划与市场的意识形态藩篱，坚持以公有制为基础，多种所有制共同发展的经济体制，极大地解放和发展了生产力，推动了社会各阶层的共同富裕，真正使得人民群众享受到了改革开放的红利；在政治上不忘初心，坚持马克思主义的思想指导和中国特色社会主义道路，清醒地认识中国长期处在社会主义初级阶段的国情，坚持改革开放，吸收一切西方现代文明的先进成果，打破教条主义的因循守旧；在文化上坚持独立自主，开放包容，在保持中华文化独特性的基础之上，积极拥抱世界先进文化成果为我所用。可以说，21 世纪世界社会主义的发展与振兴，应当将社会主义与世界发展联系在一起，坚持"本国特色"与"世界历史"的辩证关系，"解决好民族性问题，就有更强能力去解决世界性问题；把中国实践总结好，就有更强能力为解决世界性问题提供思路和办法"[19]。

历史没有终结，是因为社会主义取代资本主义的人类社会发展规律没有改变。马克思所揭示的资本主义基本矛盾始终没有改变。在经济方面，资本不择手段地在全球范围内攫取剩余价值的掠夺本性不仅是反人性的也是反自然的，它造成了少数发达国家统治世界大多数发展中国家的不公平政治经济秩序，资本就像一部不断吸吮世界劳动人民血汗的机器，将财富源源不断地集中到少数垄断资本主义国家手中。在政治方面，所谓的民主程序通过官僚和精英的自私运作，越来越远离中下层劳动人民的利益和意志，资本主义的民主和自由日益沦为大资产阶级集团的统治工具。在生态方面，资本在全球范围榨取自然资源不断扩大再生产，生态系统和自然资源日益退化，造成世界性的生态和环境危机。因此，当代资本主义所带来的经济危机、政治危机和生态危机之深重和复杂远胜于马克思所面对的资本主义世界。我们有理由相信，随着生产的全球化与生产资料的国际垄断资本占有这个基本矛盾的日益加深，随着当代资本主义国家经济政治社会问题的激化和人民反抗斗争的增强，随着社会主义国家改革开放事业不断取得重大成就，社会主义的未来充满了希望。

历史没有终结，是因为中国提出了社会主义新的可能性。中国的发展不仅在全世界特别是发展中国家的危机阶段保持自身良好势头，而且向世界贡献了重要力量，中国努力为世界各国人民探索一条能够避免资本主义的有发展而无共荣、有开放而无包容的弊端的共同进步之路。在当今世界格局发生重大转折的关键时刻，中国作为负责任的大国，主动承担起了和平发展的历史责任，把中国的发展与世界各国的发展联系在一起，一方面坚定不移地走中国特色社会主义的道路，另一方面提出人类命运共同体的发展愿景。习近平将世界社会主义 500 年发展历史划分为六个重要阶段，阐明了中国特色社会主义理论体系与马克思列宁主义、毛泽东思想既一脉相承，同时又与时俱进的理论渊源和发展脉络，阐明了中国特色社会主义所代表的当代社会主义发展的历史方位和可能前景。在世界社会主义运动遭受重大挫折之际，中国特色社会主义别开生面，为社会主义的未来打开新的大门，代表了世界社会主义发展的新阶段和新境界，新时代中国特色社会主义还将更有力推动世界社会主义运动向前发展。

社会主义中国道路不仅属于中国，也属于世界，它既为发展中国家现代化路径提供了另一种可能，促进了人类文明多样性发展，也为全球治理体系变革作出了重要贡献，具有独特的世界历史意义。

（二）世界和平发展大势面临时代新变局的挑战

和平发展道路是总结历史经验、特别是总结近代以来资本主义全球秩序发展更迭的历史经验，得出的时代选择。历史上每一次世界霸权的转移都是通过非和平道路实现的，而通过非和平方式获得世界霸权的国家，又无一不是被更加残酷的战争所击败。近代资本主义在扩张争霸过程中，一次次将战争强加给中国人民，从鸦片战争到甲午战争，从八国联军到日本侵华，一个多世纪间不停打断中国求生存求发展的历史道路。从苦难经历中，中国人民深知在发展道路上"己所不欲，勿施于人"的基本道理，强大起来的中国不会让这样的历史在世界重演。"走和平发展道路，是中华民族优秀文化传统的传承和发展，也是中国人民从近代以来苦难遭遇中得出的必然结论。"[20]

历史上，西方的现代化就是资本主义化，是资本主义生产方式确立并不断扩张的过程。在这个充满着野蛮、暴力和血与火的过程中，非西方国家是被迫卷进现代化的，"正像它使农村从属于城市一样，它使未开化和半开化的国家从属于文明的国家，使农民的民族从属于资产阶级的民族，使东方从属于西方。"[21]但是，这种现代化的发展模式表现为人们贫富差距不断扩大，人与自然关系日益紧张，这种发展模式不可持续，也不可能被大多数国家所复制，也就是说如果全世界都追求或模仿西方式的现代化是不可能实现的。从这个意义上说，广大发展中国家只有创新发展理念，探索适合自己同时又造福人类的新的现代化发展道路。这一点社会主义中国越来越接近做到了，中国只用几十年时间走了西方国家几百年走过的发展历程，创造了世界发展的奇迹。一条不同于西方的现代化之路已呈现在全世界人民面前，为正在进行现代化探索的发展中国家提供了新的样板、新的选择和新的启示。中国特色社会主义进入新时代意味着中国特色社会主义的不断发展还"拓展了发展中国家走向现代化的途径，给世界上那些既希望加快发展又希望保持自身独立性的国家和民族提供了全新选择，为解决人类问题贡献了中国智慧和中国方案"。

在新的历史时期，中国共产党深刻把握国内外大势，指出中国走和平发展道路是我们饱受苦难的历史选择，体现了广大人民最真实、最热切的愿望，中国将始终坚持和平发展、合作共赢的现代化道路。和平发展、文明进步道路是中国人民自己走出来的新型发展道路，它对人类文明的重大贡献就在于抛弃了帝国主义式的垄断和霸权思维，建立了互利、共赢、合作的价值理念。中国道路的先进意义也基于此，它不以暴力为开端，不以扩张为路径，不以称霸为宗旨。

和平发展道路是社会主义的内在追求。马克思曾用文学化语言批判资本主义的文明"是用血和火的文字载入人类编年史"[22]，世界和平发展始终是马克思、恩格斯秉持的价值取向，要求工人阶级"在他们的所谓的主人们叫嚷战争的地方卫护和平"[23]，而社会主义新社会的原则是民族和国家之间的和解，即世界和平。马克思也提醒"胜利了的无产阶级不能强迫他国人民接受任何替他们造福的办法，否则就会断送自己的胜利"[24]。作为马克思主义政党的中国共产党坚持有中国特色的和平发展道路，它将社会主义发展方向、路径与目标相融合，是中国特色社会主义的重要组成部分。和平发展的中国方案主张不仅致力于中国自身发展，也强调对世界的责任和贡献；不仅造福中国人民，而且造福世界人民。中国道路给世界带来的是和平，不是动荡；是机遇，不是威胁。

和平发展道路是符合世界潮流的大势所趋。当今世界和平与发展是主流，随着商品、资金、信息、人才的高度流动，无论近邻还是远交，无论大国还是小国，无论发达国家还是发展中国家，正日益形成利益交融、安危与共的利益共同体和命运共同体。冷战思维、阵营对抗已不符合时代要求。"和平是人民的永恒期望。和平犹如空气和阳光，受益而不觉，失之则难存。没有和平，发展就无从谈起。"[25] 多样性是世界文明发展的本来面目，各国人民有权选择适合自己的发展模式。在世界文明的百花园中，不同制度和文化样式之间在竞争之中保持着合作，相互吸取彼此的先进部分。世界潮流，浩浩荡荡，顺之者昌，逆之者亡，中国特色社会主义主张在国际社会实现平等互利、包容共存的价值取向，充分尊重和维护世界文明多样性和发展道路多样化，尊重和维护各国人民自主选择社会制度和发展道路的权利，倡导国际社会共同构建人类命运共同体，建立以合作共赢为核心的新型国际关系，坚持国际关系民主化，坚持正确义利观，坚持通过对话协商以和平方式解决国家间的分歧和争端。同世界各国一道，维护世界和平，促进共同发展。

在经济全球化、世界多极化出现各种变数和全球治理问题日益突出的形势下，新时代中国特色社会主义在中国从站起来、富起来到强起来的历史性飞跃新起点上，积极引导并努力塑造公正合理的全球治理体系，在实现中华民族伟大复兴同时为维护世界和平，促进共同发展作出重要贡献。推动全球治理体系变革、推进国家治理现代化，是建设新时代中国特色社会主义的重要任务；全球治理与国家治理的良性互动，开辟了中国特色社会主义理论的新境界。改革开放 40 年，中国对世界和平发展的认识日益深刻、态度更加明确、行动更有担当、影响不断扩大，中国坚定不移走和平发展道路，不仅是中国对实现自身发展目标的自信和自觉，还体现了中国负责任大国的担当。其中，如何构建更加公正合理的全球治理体系，已成为社会主义中国对外交往迫切需要回答并积极参与解决的重大问题。中国立足自身发展实际，在不断夯实国家实力基础上，着眼世界格局与国际形势的新变化，为推动全球治理体系变革提出了一系列理念、倡议和方案，社会主义中国在世界上的话语权不断增强。特别是顺应世界命运应该由各国共同掌握、国际规则应该由各国共同书写、全球事务应该由各国共同治理、发展成果应该由各国共同分享的世界期待，习近平在国际场合多次提出构建人类命运共同体，实现共赢共享的倡议。"中国人始终认为，世界好，中国才能好；中国好，世界才更好。""中国发展得益于国际社会，中国也为全球发展作出了贡献。中国将继续奉行互利共赢的开放战略，将自身发展机遇同世界各国分享，欢迎各国搭乘中国发展的'顺风车'。""构建人类命运共同体是一个美好的目标，也是一个需要一代又一代人接力跑才能实现的目标。"[26]中国将继续高举和平发展、合作共赢的旗帜，为建设一个持久和平、普遍安全、共同繁荣、开放包容、清洁美丽的世界绘制新蓝图。

（三）中国特色社会主义面临改革进入深水区的挑战

谁也不能否认，社会主义苏联只用了二三十年时间实现了工业化，社会主义新中国也较快建立起比较像样的工业基础和国民经济体系，一批社会主义国家迈上了落后国家的现代化道路，而更多的发展中国家探索自身解放和发展之路，社会主义也为它们提供了某种选择。然而，世界社会主义运动由于各种原因一度陷入低潮，其中最重要的原因是面对内外挑战，思想僵化，应对乏力，不能与时俱进。

中国改革开放就来自内部拨乱反正，对外赶上时代的压力，"坚持改革开放是决定中国命运的一招。"[27] 邓小平振聋发聩地指出："一个党，一个国家，一个民族，如果一切从本本出发，思想僵化，迷信盛行，那它就不能前进，它的生机就停止了，就要亡党亡国。""如果现在再不实行改革，我们的现代化事业和社会主义事业就会被葬送。"[28] 1989 年政治风波平息后，邓小平坚定地说："无论如何要给国际上、给人民一个改革开放的形象"；"认真地真正地把改革开放搞下去。没有改革开放就没有希望。"他在南方谈话中再次强调："不坚持社会主义，不改革开放，不发展经济，不改善人民生活，只能是死路一条。"[29] 社会主义中国坚持改革开放毫不动摇。"改革开放是当代中国最鲜明的特色，是我们党在新的历史时期最鲜明的旗帜。改革开放是决定当代中国命运的关键抉择，是党和人民事业大踏步赶上时代的重要法宝。"[30]

进入 21 世纪，中国特色社会主义建设不断迈上新的台阶，社会主义中国发展势头普遍看好；但与此同时，改革开放与现代化建设也遇到许多新问题，面临着发展转型的关键阶段，面临着经济体制变革、社会结构变动、利益格局调整、思想观念变化等诸多纷扰，"发展起来以后的问题不比不发展时少"[31]。发展起来以后的各种矛盾和问题积聚呈现错综复杂的特点，迫切要求把发展转型与深化改革结合起来。党的十八大以来，在体现中国特色社会主义新的历史阶段特征的习近平新时代中国特色社会主义思想引导下，我们党以巨大的政治勇气和强烈的责任担当，提出一系列新理念新思想新战略，出台一系列重大方针政策，推出一系列重大举措，推进一系列重大工作，解决了许多长期想解决而没有解决的难题，办成了许多过去想办而没有办成的大事，推动党和国家事业发生历史性变革。

我们也应看到，改革开放前期，人心思变，激励了高昂的改革热情，无论城市还是乡村、国有还是非公企业、地方还是部门、个人还是群体，改革带来的经济效益和制度红利惠及面比较宽、增幅比较明显，改革获得的掌声也比较响亮。今天改革步入了深水区，尽管改革方向更明确了、改革措施更坚实、力度也更大了，但由于社会结构、利益格局、思想观念发生了很大变化，改革的动力不那么积极了，人们对于改革效果的感受也出现了分化。现在深化改革所面临的问题和矛盾远比先前复杂，利益关系调整也远比先前艰难。如果再用以前的老办法来推动改革的深入，用过去的尺度来衡量改革的成效，就容易陷入改革低效甚至无效的困境。社会主义的改革开放，既是决定当代中国命运的关键一招，是当代中国发展进步的必由之路，也是决定实现"两个一百年"奋斗目标、实现中华民族伟大复兴的关键一招，是实现中国梦的必由之路。新时代的全面深化改革，不但要有勇气和智慧，还要不失时机抓住重点，从群众最期盼的领域改起，从制约经济社会发展最突出的问题改起，从社会各界能够达成共识的环节改起。除了会遇到思想观念和既得利益有形无形的阻挠，具体的改革推进还会遇到谁来落实、如何落实、如何分担改革风险等诸多问题，人们在解决现有问题的同时，还会产生新的问题；改革由问题倒逼而产生，又在不断解决问题中而深化。中国改革现在"已进入深水区，可以说，容易的、皆大欢喜的改革已经完成了，好吃的肉都吃掉了，剩下的都是难啃的硬骨头。这就要求我们胆子要大、步子要稳。胆子要大，就是改革再难也要向前推进，敢于担当，敢于啃硬骨头，敢于涉险滩。步子要稳，就是方向一定要准，行驶一定要稳，尤其是不能犯颠覆性错误"[32]。

深层次矛盾，涉及更深刻的利益关系调整，复杂性和难度可谓前所未有。对此一定"要有足够思想准备"，在"既敢于出招"的同时"又善于应招"，蹄疾而步稳。改革之路从无坦途，必然伴随调整的阵痛、成长的烦恼，我们都要做好为改革付出必要成本的准备。就像危机既有"危（险）"也意味着"机（遇）"一样，这些矛盾风险也是推动改革的力量和机遇。"我们现在干的事业是全新的事业。"[33]"全新的事业"也就意味着全新的探索和创造。党的十九大报告要求我们特别是从理论和实践结合上系统回答新时代坚持和发展什么样的中国特色社会主义、怎样坚持和发展中国特色社会主义。我们深刻体会到，任何一个国家的发展道路，是由这个国家的历史条件、文化传统、经济社会状况决定的，也是由这个国家的人民来决定的。不顾国情照抄照搬人家的东西，不仅解决不了实际问题，轻则水土不服，重则酿生祸端。经过不懈探索不断实践，中国通过改革开放形成了适合自己的发展道路，社会主义在中国焕发出强大生机活力并不断开辟发展新境界，为世界社会主义提供发展社会主义的生动样本。

习近平指出："面对新形势新任务新要求，全面深化改革，关键是要进一步形成公平竞争的发展环境，进一步增强经济社会发展活力，进一步提高政府效率和效能，进一步实现社会公平正义，进一步促进社会和谐稳定，进一步提高党的领导水平和执政能力。"[34]为此，就必须坚持完善和发展中国特色社会主义制度、推进国家治理体系和治理能力现代化，坚持社会主义市场经济改革方向、进一步解放思想、解放和发展社会生产力、解放和增强社会活力，坚持深化党的建设制度改革、完善党的领导体制和执政方式。改革是当代中国最鲜明的特色，是坚持和发展中国特色社会主义的强大动力。进入新时代，我们党以更大的政治勇气和智慧，不失时机深化重要领域改革，构建系统完备、科学规范、运行有效的制度体系，提出推进经济、政治、文化、社会体制改革和加强生态文明制度建设，部署了"五位一体"及党的制度建设改革的主要任务、重大举措和路线图和时间表。全面深化改革被冠以"全面"二字，真切反映了改革的全局性、广泛性和联动性，这是中国改革开放进入新阶段的显著标志，并由此搭建起新时代改革开放的"四梁八柱"。全面深化改革既要敢闯敢试，更要有智慧讲策略看行动，改革才能破除体制弊端、冲破利益藩篱，闯出一片新天地。全面深化改革特别要着眼于人民美好生活需要，既要提高物质文化生活水准，营造安全有序、公平正义的发展环境，更要致力于缩小城乡区域发展差距，缩小居民生活水平差距，促进共同富裕。所有这些改革措施，出发点和落脚点都在增创发展动力、增添社会活力、增进人民福祉。

与深化改革相得益彰，中国对外开放的大门只会越开越大。面对中美贸易冲突的局面，习近平在 2018 年博鳌亚洲论坛主旨演讲中指出，"在新时代，中国人民将继续自强不息、自我革新，坚定不移全面深化改革，逢山开路，遇水架桥，敢于向顽瘴痼疾开刀，勇于突破利益固化藩篱，将改革进行到底。"在扩大开放方面，中国将大幅度放宽市场准入，创造更有吸引力的投资环境，加强知识产权保护，主动扩大进口。这些对外开放重大举措，"我们将尽快使之落地，宜早不宜迟，宜快不宜慢，努力让开放成果及早惠及中国企业和人民，及早惠及世界各国企业和人民"。[35] 对外开放是社会主义中国的基本国策，绝非权宜之计。中国将进一步拓展开放范围和层次，完善开放结构布局和体制机制，以高水平开放推动高质量发展。中国社会主义现代化的内在动力，是勤劳勇敢、爱好和平、自强不息的"中国基因",是讲信修睦、守望相助、开放包容的"中国智慧",是与时俱进、创新发展、合作共赢的"中国方案",是富起来、强起来、实现民族振兴的"中国梦"。

三、习近平新时代中国特色社会主义思想指引中国道路新航向

（一）既不走老路，也不走邪路

20世纪后半叶，社会主义与资本主义的竞争白热化，世界社会主义运动却出现了消沉的迹象：欧洲共产主义的探索半途而废，苏联东欧国家改革陷入困境，民主社会主义的"第三条道路"举步维艰，发展中国家的社会主义探索曲曲折折……及至苏东发生剧变，世界社会主义运动遭受重创，一批社会主义国家改旗易帜，一批共产党衰微凋零。时至今日，仍然有很多人对世界社会主义运动能否走出低谷忧心忡忡。与之形成鲜明对比，中国共产党顶住了巨大压力，砥砺前行，中国特色社会主义既坚持科学社会主义基本原则，又深深扎根于当代中国改革开放的实际，给世界社会主义运动注入了新的内容新的活力，并以其理论与实践创新不断丰富和发展世界社会主义运动；在回答和解决中国问题的探索中，还为经济文化相对落后的国家如何走社会主义道路，如何实现现代化发展积累了经

验，提供了新的选择。

冷战终结，经济全球化不期而至并加快了步伐，各国联系日益紧密，世界交往越来越活跃，但新的世界格局并没有建立起来，世界社会主义运动进入了调整期。作为一个占世界人口五分之一，同时也是世界第二大经济体的发展中大国，中国坚持走社会主义道路，对于世界社会主义运动发展具有什么样的影响力可想而知。早在 20 世纪 80 年代中期，邓小平就指出："最终说服不相信社会主义的人要靠我们的发展。如果我们本世纪内达到了小康水平，那就可以使他们清醒一点；到下世纪中叶我们建成中等发达水平的社会主义国家时，就会大进一步地说服他们"[36]。党的十九大报告中更明确提出，中国特色社会主义进入新时代意味着科学社会主义在二十一世纪的中国焕发出强大生机活力，在世界上高高举起了中国特色社会主义伟大旗帜。

在中国共产党的坚强领导下，我们立足于基本国情，不断解放和发展生产力，完成了从计划经济向社会主义市场经济、从封闭半封闭到全面开放的伟大转变，探索出了一条实现中华民族伟大复兴的康庄大道，这就是中国特色社会主义道路。

贫穷不是社会主义，闭关锁国不能建设好社会主义。中国的社会主义事业一直在谋求一条与世界互联互通的道路。邓小平对有中国特色的社会主义建设的基本定位，明确表示不可能走"封闭僵化的老路"，对外开放也因此成为中国社会主义事业的主旋律，正是将社会主义现代化与对外开放的基本国策紧密联系在一起，中国才越来越接近世界舞台的中央。

在邓小平南方谈话精神感召下，中国特色社会主义对外开放驶入快车道。中国先后加入了 CAFTA、APEC、WTO 等多个区域性和国际性组织，中国与世界日益形成了你中有我、我中有你的格局。进入新时代的中国特色社会主义，面对新的国际形势，倡议和紧锣密鼓建设"一带一路"、亚洲基础设施投资银行等又开辟了新的对外开放新格局。

中国的改革开放事业已走过 40 年的历程，在 2018 年新年贺词中，习近平指出，改革开放是当代中国发展进步的必由之路，是实现中国梦的必由之路。我们要以庆祝改革开放 40 周年为契机，逢山开路，遇水架桥，将改革进行到底。近 40 年的改革开放历程告诉我们，只有改革开放，才能充分解放和发展社会生产力，只有改革开放，才能发展和完善中国特色社会主义事业。党的十九大报告对当代中国的社会主要矛盾作了新的定位，我们要坚定不移地走改革开放的道路，以改革开放促社会发展，通过改革开放解决发展的不平衡和不充分的问题。任何试图重回封闭僵化老路，关起门来搞社会主义建设的观念和思想，都是误国误民的错误观念和思想。空谈误国，实干兴邦，让我们将思想统一到改革开放的基本国策中，坚决不走封闭僵化老路，将改革开放进行到底。

但是，中国的改革开放是有方向、立场和原则的，改革开放的目的是发展和完善中国特色社会主义，实现中华民族伟大复兴的中国梦。方向决定道路，道路决定命运，这是中国改革开放事业的基本原则所在。改革开放不是要走全盘西化的道路，而是在与世界的相互连通中发展中国社会主义事业。我国改革开放之所以能够取得巨大成功，关键是我们把党的基本路线作为党和国家的生命线，始终坚持把以经济建设为中心同四项基本原则、改革开放这两个基本点统一于中国特色社会主义伟大实践。

改革开放的方向、立场和原则，正是中国特色社会主义道路自信、理论自信、制度自信和文化自信的体现。党的十九大报告重申："既不走封闭僵化的老路，也不走改旗易帜的邪路，保持政治定力，坚持实干兴邦，始终坚持和发展中国特色社会主义。"[37]

中国特色社会主义道路，不盲目照搬外国经验，始终立足中国大地上搞社会主义建设。"我们的现代化建设，必须从中国的实际出发。无论是革命还是建设，都要注意学习和借鉴外国经验。但是，照抄照搬别国经验、别国模式，从来不能得到成功。这方面我们有过不少教训。把马克思主义的普遍真理同我国的具体实际结合起来，走自己的道路，建设有中国特色的社会主义，这就是我们总结长期历史经验得出的基本结论。"[38]当年邓小平的总结至今仍然熠熠生辉。

不走改旗易帜的邪路，首先要明确中国特色社会主义制度是根本保障。我们发展社会主义、坚持改革开放，目的是完善和发展社会主义制度。世界在发展，社会在进步，不实行改革开放死路一条，搞否定社会主义方向的"改革开放"也是死路一条。在方向问题上，我们的头脑必须十分清醒。我们的方向就是不断推动社会主义制度自我完善和发展，而不是对社会主义制度改弦易张。我们要坚持四项基本原则这个立国之本，既以四项基本原则保证改革开放的正确方向，又通过改革开放赋予四项基本原则新的时代内涵，排除各种干扰，坚定不移走中国特色社会主义道路，纵使千变万化，仍然不忘社会主义之本。

不走改旗易帜的邪路，就必须坚持中国共产党的领导。办好中国的事情，关键在党。中国特色社会主义最本质的特征是中国共产党领导，中国特色社会主义制度的最大优势是中国共产党领导。中国共产党在长期的革命、建设和改革的实践中，形成了独特的政治优势、理论优势、组织优势、制度优势和密切联系群众的优势，这是中国共产党能够团结和带领中国人进行中国特色社会主义现代化建设的根本保障。

党的十九大报告指出，坚持党对一切工作的领导。党政军民学，东西南北中，党是领导一切的。必须增强政治意识、大局意识、核心意识、看齐意识，自觉维护党中央权威和集中统一领导，自觉在思想上政治上行动上同党中央保持高度一致，完善坚持党的领导的体制机制。

"走什么路"的问题是近代以来中华民族的头等大事。

"我们党领导人民进行28年浴血奋战，完成了新民主主义革命；新中国成立后，我们党领导人民进行社会主义革命和探索，取得重要成就，也经历了严重曲折；在历史新时期，我们党领导人民进行改革开放这场新的伟大革命，开辟了中国特色社会主义道路，使我国发展大踏步赶上时代。"[39] 中国特色社会主义进入新时代，社会主义道路越走越宽广，近代以来久经磨难的中华民族从站起来、富起来到强起来，迎接中华民族伟大复兴；社会主义在当代中国不但焕发出强大生机活力，而且拓展了发展中国家走向现代化的途径，并进一步为解决人类问题贡献中国智慧和中国方案。

（二）发展为了人民，发展依靠人民

习近平在纪念马克思诞辰 200 周年大会上指出："马克思主义是人民的理论，第一次创立了人民实现自身解放的思想体系。马克思主义博大精深，归根到底就是一句话，为人类求解放。""马克思主义之所以具有跨越国度、跨越时代的影响力，就是因为它植根人民之中，指明了依靠人民推动历史前进的人间正道。"[40] 马克思主义的思想特征和理论品格深深融入了作为当代中国马克思主义、21 世纪马克思主义的习近平新时代中国特色社会主义思想。

坚持以人民为中心的立场，就是社会主义的立场，是与中国共产党的立党宗旨紧密地联系在一起的。"为人民服务"，就是要解决好人民群众普遍关心的突出问题，全面建成小康社会，并为建设社会主义现代化强国打好坚实的基础。新时代，实现以人民为中心的发展始终是以习近平同志为核心的党中央谋划全局的大事。要求全国上下，牢固树立以人民为中心的发展理念，真正在各项工作中实现和保障广大人民群众的生存权和发展权。党的十九大报告在构成新时代坚持和发展中国特色社会主义的基本方略的"十四个坚持"

中，明确要求"坚持以人民为中心"，指出："人民是历史的创造者，是决定党和国家前途命运的根本力量。必须坚持人民主体地位，坚持立党为公、执政为民，践行全心全意为人民服务的根本宗旨，把党的群众路线贯彻到治国理政全部活动之中，把人民对美好生活的向往作为奋斗目标，依靠人民创造历史伟业。"[41]

为了人民的发展，体现了马克思主义关于人是发展的主体也是发展的目的的价值追求。"坚持以人民为中心"不是停留在宣传层面的口号，也不是政绩工程的标签，而是每个人都能在经济、政治、文化、社会、生态等各方面感受到国家和社会的不断进步和发展，能够不断满足人民对未来美好生活的向往。马克思认为，在"以物的依赖性为基础"的社会中，人并不可能获得彻底解放和全面自由的发展；只有形成了"普遍的社会物质变换、全面的关系、多方面的需要以及全面的能力的体系"，人才会在丰富的社会关系中得到发展。但是，只有"建立在个人全面发展和他们共同的、社会的生产能力成为从属于他们的社会财富这一基础上的自由个性"新阶段，才是人类社会的理想状态。[42]从这个意义上说，发展本来就应该是为了人民的发展，是人作为主体在具体的社会关系当中展开的历史进程。只有当社会关系的发展达到了某种全面性，人才能在全面的社会关系中进行全面的活动，并获得全面的发展，进而达到自身的全面性。当然，当今中国的发展还尚未达到实现人的全面发展的阶段，这就需要"坚持以人民为中心"，在推进"五位一体"总体布局、协调推进"四个全面"战略布局中，突出解决民生问题的价值导向，由解决"挨打"和"挨饿"的工作思维，转移到努力实现人民的获得感、幸福感和安全感，补齐民生短板，提高人民生活质量。

唯物史观认为，人民群众是创造历史的主体，是推动社会不断发展的根本力量。社会主义制度以实现人民当家作主为根本的政治追求。人民是社会主义国家的主人，"坚持全心全意为人民服务"是中国共产党的根本宗旨。坚持以人民为中心和坚持党的领导具有内在的一致性。从形式上看，"坚持以人民为中心"摆正了中国共产党与人民群众之间的关系，明确了中国共产党是人民的公仆而不是人民的主人；从内容上看，中国共产党从立党宗旨的高度确立了人民主体意识，即人民当家作主是中国共产党立党和执政的根据。中国共产党就要在为民执政的活动中，既带领人民又依靠人民把新时代中国特色社会主义不断推向前进。

"以人民为中心"的发展就是发展为了人民、发展依靠人民、发展成果由人民共享，这是唯物史观的鲜明表达，也是社会主义中国实践的理论概括，构成了习近平新时代中国特色社会主义思想的重要内容。发展为了人民，这是由人民历史主体地位所决定的。马克思主义认为，人民是历史活动的主体、历史的创造者；社会历史规律就是人的活动规律。人民是历史的主体，人民也就是发展的目的本身；历史活动是人民追求和实现自身全面发展的活动，其中就蕴涵着社会历史规律。尊重人民的历史主体地位、坚持为了人民的价值立场与尊重社会历史发展的规律是一致的。发展为了人民，意味着发展的目的从物到人的转变。近现代以来，资本的物化逻辑占据着统治地位，进一步导致物化的社会关系和人的异化，人的独立性被建立在"物的依赖性"基础上。发展为了人民，不仅要破除以物为中心的发展观，还要改变传统发展观的 GDP"迷思"。

人民作为一个整体，是由不同的群体构成的，包含着具体的个体，"人民不是抽象的符号，而是一个一个具体的人的集合，每个人都有血有肉、有情感、有爱恨、有梦想，都有内心的冲突和忧伤。"[43] 人民内部又存在具体利益的差别和矛盾，在社会主义初级阶段，由于发展的不平衡不充分，人民的利益实现也是不平衡不充分的。发展为了人民，从根本上讲是为了人民的美好生活。美好生活不仅包括好的物质生活，还包括好的政治生活、文化生活、社会生活，以及好的生态环境。美好生活的需要无论在量还是质上都是不断变化发展的，它的实现规律就是社会历史的进步，就是人的自由全面发展，即作为目的本身的人的本质力量的全面发展以及人性的全面生成和丰富，人从自然、社会和人自身中获得自由，并在这种自由追求过程中感受幸福。

人民是历史的主体，也是推动发展的决定性力量，所以发展必须依靠人民。人民是社会物质财富的创造者，是社会精神财富的创造者，也是实现社会变革的决定性力量。"人民是历史进步的真正动力"[44]。发展又是社会发展和人的发展的统一。社会生活本质上是实践的，实践形式丰富多彩，社会生活五光十色。社会发展不过是人的实践活动的展开过程，社会发展的动力也只能存在于人民的实践活动之中。实践活动也是人特有的存在方式，正是实践的本质内容和内在矛盾运动促使人不断认识世界改造世界、不断推动人和社会的发展。无论社会发展还是人的发展，其根本动力正是人民广泛而生动的实践。

发展就要创新，包括理论创新、实践创新、制度创新、文化创新以及其他各方面的创新，没有创新也不可能有发展，创新是发展的第一动力。创新活动需要创新意识和创新精神，这种创新意识和创新精神就深深根植于人民的社会实践之中。发展从来就不是一帆风顺的，当今世界，经济全球化使得各民族国家相互联系相互依赖更加深入，当代中国发展的国际环境深刻变化，改革发展的任务更加繁重艰巨，各种深层次矛盾和问题不断呈现，各类风险和挑战不断增多。发展不仅要有创新意识，还要有创造力。生气勃勃的创造力也深深蕴涵在人民的社会实践之中，蕴涵在人民的经验和智慧之中，生产关系的变革，社会制度的更替，思想文化的进步，都是人民创造性活动的结果。

发展成果由人民共享，并不断提高分享发展成果的公平性，最终实现共同富裕，促进人的全面发展，这正是社会主义的本质要求。人民是历史的主体，发展依靠人民，也决定了发展成果应由人民共享。人民共享即全民共享，是各尽所能，各得其应得；发展成果也不只是某个方面、某个领域的成果，发展成果共享也即全面共享，是经济、政治、文化、社会、生态文明各方面建设成果的共享。

共享发展成果并不是平均主义的共享。社会主义初级阶段的共享，是按劳分配基础上的共享，由于人民的各群体之间存在着种种差别，这种共享必然是有多有少、有先有后的共享。共享发展成果反对平均主义，但又不允许扩大差异，而是要求每个人都能充分实现自己潜能、发挥自己的个性、完善自己的人格，在活动、能力、社会关系以及个性等诸方面全面而自由的发展。共享发展成果，还是分配正义与制度正义的统一。无论是全民共享还是全面共享，它所表达的其实体现为分配正义。正义是制度的首要价值，制度又是正义的根本保障，分配正义要通过制度正义来实施。新时代中国特色社会主义，要实现人民共享发展成果，实现分配正义，不但要建立合理的成果分配机制，更要坚持和完善中国特色社会主义基本经济制度，发挥公有制在实现共享发展中的根本保障作用；要坚持与完善中国特色社会主义根本政治制度与基本政治制度，保证人民当家作主，保障人民权益；还要构建公平正义的社会保障与公共服务体系，促进社会公平正义的基本制度安排，不断完善基本公共服务体系，建立覆盖全民多层次社会保障体系。

发展为了人民、发展依靠人民、发展成果由人民共享，它们互相联系构成一个整体。为了人民，揭示了发展的出发点；依靠人民，揭示了发展的动力；成果由人民共享，揭示了发展的归属。发展为了人民，使得发展依靠人民有了充分理由；发展依靠人民，也就决定了发展成果由人民共享；人民共享发展成果，则进一步落实了发展为了人民。这个发展理念既体现了社会主义的本质要求，也贯穿于习近平新时代中国特色社会主义思想。

（三）不断造福人民，促进公平正义

改革开放以来，我国在经济领域获得了快速发展，仅用了近40年的时间就完成了别国可能要一百多年才能达到的经济业绩。纵观改革开放以来的社会主义现代化建设成就，我国社会主义事业以经济建设为中心取得了巨大成就，同时在政治、社会、文化等领域也获得了长足发展。广大人民群众在物质生活水平得到提升的同时，必然要求在政治民主、精神文化、社会和谐、生态优美等领域获得满足感和幸福感。不断满足人民向往美好生活的需要，反映了新时代社会主要矛盾转变的特点，我国社会主要矛盾已经转化为人民日益增长的美好生活需要和不平衡不充分的发展之间的矛盾。我国社会主要矛盾的变化意味着，我国在较好解决旧中国落后"挨打"问题和改革开放之前"挨饿"问题的基础上，不仅对中国共产党治国理政、执政为民提出了更高要求，而且对通过维护人民的根本利益实现人民当家作主的地位也提出了更高要求。只有在不断满足人民向往美好生活，不断实现人民对美好生活的向往中凸显社会主义国家的人民主体性，才能真正建成富强、民主、文明、和谐、美丽的社会主义现代化国家。

我国现在已经基本解决了十几亿人的温饱问题，总体上实现小康，正全力以赴决胜全面建成小康社会。但与此同时，人民需要的内涵扩展了，从物质文化领域，扩大到物质文明、精神文明、社会文明、政治文明和生态文明等各个领域。人民需要的层次也提升了，我国告别了短缺经济时代，人民追求更高质量的生活、更好的教育、更稳定的工作、更满意的收入、更可靠的社会保障、更高水平的医疗卫生服务、更舒适的居住条件、更优美的环境、更丰富的精神文化生活，这些需求都是多样化、个性化和多层次的。

根据人民网征集的"两会"网络舆情，2013 年网民关注的十大问题依次是：社会保障、反腐倡廉、收入分配、住房保障、医疗改革、稳定物价、食品药品安全、法治中国、行政体制改革、国防建设；2017 年网民关注的十大问题，排在第一位的是反腐倡廉，然后是社会保障、医疗改革、就业和收入、教育公平、住房、环境保护、公共安全、依法治国、脱贫攻坚。[45] 我国社会生产力水平总体上显著提高，社会生产能力在很多方面进入世界前列，但突出的问题是发展不平衡不充分，并已经成为满足人民美好生活需要的主要制约因素。

这些不平衡不充分既体现在"发展起来以后"的收入差距、城乡差距、区域差距上，也体现在经济增长与社会进步、环境保护、善治良政的不平衡上，还体现在科技创新能力、政府治理能力、文化生产能力、社会服务能力、生态供应能力还不能满足人民日益增长的各种需要上。这就要求我们认真研究和解决社会主要矛盾，以更高质量、更有效率、更加公平、更可持续的发展不断满足人民对于美好生活的需求，解决好邓小平当年所说的"发展起来以后的问题"。

人民对美好生活的向往要有公平正义的社会条件。公平正义既是全面深化改革的价值追求，又是中国特色社会主义的核心价值内容。就前者而言，要通过深化经济、政治、社会、文化等方面的改革解决中国的矛盾问题，来促进公平正义的实现。就后者来看，公平正义是社会主义优于资本主义的重要价值表征。邓小平指出，贫穷和落后不是社会主义，共同富裕才是社会主义。"共同富裕是中国特色社会主义的根本原则，所以必须使发展成果更多更公平惠及全体人民，朝着共同富裕方向稳步前进。"[46]

中国共产党时刻不忘为人民造福这个初心，永远把人民对美好生活的向往作为奋斗目标。习近平新时代中国特色社会主义思想坚持以人民为中心，一切为了人民、一切依靠人民，充分体现了人民创造历史、人民是真正英雄的唯物史观，为人民谋幸福、为民族谋复兴的初心和使命，以人为本、人民至上的价值取向和立党为公、执政为民的执政理念。党的十九大对保障和改善民生作出了新的部署，强调要始终以实现好、维护好、发展好最广大人民根本利益为最高标准，带领人民创造美好生活，让改革发展成果更多更公平惠及全体人民，使人民的获得感、幸福感、安全感更加充实、更有保障、更可持续。"时代是出卷人，我们是答卷人，人民是阅卷人。"[47]在新时代的征程上，一定要抓住人民最关心最直接最现实的利益问题，坚持把人民群众关心的事当作大事，从人民群众关心的事情做起，多谋民生之利，多解民生之忧，不断促进社会公平正义，不断促进人的全面发展，实现全体人民共同富裕。

新时代，也是全面建成小康社会决胜阶段，更要在不断促进社会公平正义上做文章。既要把公平正义作为促进社会主义和谐、健康和稳定发展的价值坐标，又用公平正义的社会不断增进人民的福祉。促进社会公平正义、增进人民福祉，是我们全面深化改革不断扩大开放的着力点。要在不断发展的基础上促进社会公平正义。既要大力推动经济持续健康发展，进一步把"蛋糕"做大，为促进社会公平正义奠定更加坚实物质基础；又要加快制度、体制和机制创新，切切实实把"蛋糕"分好，改革那些不符合公平正义要求的体制性因素，抓紧解决那些有违公平正义的突出问题。"对由于制度安排不健全造成的有违公平正义的问题要抓紧解决，使我们的制度安排更好体现社会主义公平正义原则，更加有利于实现好、维护好、发展好最广大人民根本利益。"[48]公平正义体现了社会主义改革的目标追求。习近平指出："全面深化改革必须着眼创造更加公平正义的社会环境，不断克服各种有违公平正义的现象，使改革发展成果更多更公平惠及全体人民。如果不能给老百姓带来实实在在的利益，如果不能创造更加公平的社会环境，甚至导致更多不公平，改革就失去意义，也不可能持续。"[49]"五位一体"及党的制度建设领域所部署的所有改革任务，都是基于"以促进社会公平正义、增进人民福祉为出发点和落脚点"，改革的指向是促进权利平等、机会平等、规则平等。包括强调"公有制经济财产权不可侵犯，非公有制经济财产权同样不可侵犯"；建立兼顾国家、集体、个人的土地增值收益分配机制，合理提高个人收益；提高劳动报酬在初次分配中的比重；实现基础养老金全国统筹，等等。

2013年"五一"节前夕，习近平在同全国劳动模范代表座谈时的讲话指出："劳动是推动人类社会进步的根本力量。幸福不会从天而降，梦想不会自动成真。实现我们的奋斗目标，开创我们的美好未来，必须紧紧依靠人民、始终为了人民，必须依靠辛勤劳动、诚实劳动、创造性劳动。"[50]中国共产党来源于、根植于广大劳动人民群众。一切为了人民福祉，是我们发展的坚定目标。"始终站在人民大众立场上，一切为了人民、一切相信人民、一切依靠人民，诚心诚意为人民谋利益，这是中国共产党人坚持马克思主义立场的根本要求。"[51]而检验我们一切工作的成效，最终都要看人民是否真正得到了实惠，人民生活是否真正得到了改善；在幼有所育、学有所教、劳有所得、病有所医、老有所养、住有所居、弱有所扶上不断取得新进展，努力让人民过上更好生活，就是全面建成小康社会的重要内容。

促进社会公平正义要更加关注体面劳动。"全社会都要贯彻尊重劳动、尊重知识、尊重人才、尊重创造的重大方针，维护和发展劳动者的利益，保障劳动者的权利。要坚持社会公平正义，排除阻碍劳动者参与发展、分享发展成果的障碍，努力让劳动者实现体面劳动、全面发展。"[52]实现体面劳动，就要坚持以人民为中心的立场，体现人民向往美好生活的具体表达，同时也是尊重和保障人权的重要内容。人生真正的成就感都是通过辛勤劳动获得的，付出越多，对自己的劳动成果就越满足、越珍惜。劳动和创造不但播种希望、收获果实，而且也从中磨炼意志、提高自己，这就是"劳动最光荣、劳动最崇高、劳动最伟大、劳动最美丽"的价值观和审美观，并以共同的方式享有人生出彩、梦想成真、与祖国和时代一起成长和进步的机会。

促进社会公平正义要更加重视法治建设。党的十九大报告提出要通过坚持全面依法治国，不断促进社会公平正义。用法治维护社会的公平正义，"坚持法治国家、法治政府、法治社会一体建设，坚持依法治国和以德治国相结合，依法治国和依规治党有机统一，深化司法体制改革，提高全民族法治素养和道德素质"。法治建设既是国家治理体系和治理能力现代化的重要内容，又是衡量社会公平正义的重要标尺。在法治中国建设的实践当中，广大人民群众的合法权益要靠法治来保障，通过法治建设对社会公平正义起到引领作用。与此同时，广大人民群众在个案中能够感受到公平正义，又能通过自觉守法来维护法治权威。

四、习近平新时代中国特色社会主义思想赋予科学社会主义新内容

中国特色社会主义是社会主义而不是其他什么主义，科学社会主义基本原则不能丢，丢了就不是社会主义，只有社会主义才能救中国。同时，只有改革开放才能发展中国、发展社会主义、发展马克思主义，改革开放是决定当代中国命运的关键一招，也是决定实

现"两个一百年"奋斗目标、实现中华民族伟大复兴的关键一招，这是历史的结论、人民的选择。没有改革开放，就没有中国特色社会主义，就没有今天中国兴旺发达的大好局面和科学社会主义的希望火种，"这不但是给占世界总人口四分之三的第三世界走出了一条路，更重要的是向人类表明，社会主义是必由之路，社会主义优于资本主义"[53]。

社会主义的自我革新发展只有进行时，没有完成时。中国特色社会主义进入新时代，我们一定要适应新时代中国特色社会主义事业发展进程，统筹推进各领域各方面改革，不断完善和发展中国特色社会主义制度、推进国家治理现代化，不断推进理论创新、制度创新、科技创新、文化创新以及其他各方面创新。我们完全可以预期，新时代中国特色社会主义分两步走将在 21 世纪中叶建成社会主义现代化强国，并进一步深化对共产党执政规律、社会主义建设规律、人类社会发展规律的认识。我们的道路越走越宽广，我们的理论越来越丰满，我们的制度越来越成熟，我们的文化越来越自信，这个新时代为世界社会主义发展增添了新的"亮色"。

（一）中国特色社会主义追求全面发展，焕发科学社会主义生机活力

近代以来，中国面临的首要问题就是发展问题。经历了鸦片战争、抗日战争与国内革命战争之后，新中国可谓建立在一片废墟之上。如何发展社会生产力，满足人民的物质生活需要，成为中国共

产党的首要任务。虽然在寻求社会发展、探索社会主义建设道路的过程中出现过曲折和波折，但在寻求如何建设社会和怎样建设社会主义的道路上，中国共产党人从未停步。从毛泽东主导的新中国社会主义改造，建立社会主义基本的政治和经济制度，到邓小平时代改革开放，确立社会主义市场经济，中国共产党人一直在寻求一条符合中国国情的社会主义发展道路。从建设有中国特色的社会主义到中国特色社会主义道路、理论、制度和文化的确立，再到中国特色社会主义进入新时代，展示了社会主义在中国的发展，展示了中国共产党人对社会主义事业的不懈追求。习近平在主持第十八届中央政治局第一次集体学习时指出，中国特色社会主义承载着几代中国共产党人的理想和探索，寄托着无数仁人志士的夙愿和期盼，凝聚着亿万人民的奋斗和牺牲，是近代以来中国社会发展的必然选择，是发展中国、稳定中国的必由之路。

党的十八大以来，面对国内外形势变化和我国社会主义事业建设的新课题，党中央审时度势，创造性地回答了新时代坚持和发展什么样的中国特色社会主义、怎样坚持和发展中国特色社会主义等重大问题，明确提出了新时代的发展目标、任务、方向和基本步骤，取得了重大的理论创新成果，极大地丰富和发展了中国特色社会主义理论，开辟了中国特色社会主义的最新境界。习近平在十八届中央政治局第一次集体学习时进一步指出："中国特色社会主义是全面发展的社会主义。"这之后，以习近平同志为核心的党中央面对中国发展过程中出现的新情况、新问题，提出新的发展理念，形成了一系列新思想新战略，成功地应对和解决了许多理论和现实问题。马克思主义追求人的全面自由发展的理想，马克思所设想的共产主义第一阶段或恩格斯所说的科学社会主义都是对资本主义的扬弃和超越，因而具有全面发展的总体特征。但由于受历史条件的限制，后来苏联和中国建立起来的社会主义离全面发展都有较大差距。即使经过几十年的努力，苏联在一国建立了社会主义，中国也确立了社会主义基本制度并进行了艰辛探索，取得了举世公认的成就，但发展都是不全面的，在基本生活必需品、公共产品和社会福利等方面都存在匮乏的状况。改革开放以来，党和政府作出巨大努力，完善和发展中国特色社会主义，生产力水平有了很大提高，社会财富也有极大丰富，但仍然存在发展不全面不平衡不充分的问题。习近平强调中国特色社会主义是全面发展的社会主义，注重发展的整体性和全面性，符合马克思主义的基本原理，也是对中国特色社会主义的发展观的进一步提升。

正如党的十九大报告指出的："解放和发展社会生产力，是社会主义的本质要求。我们要激发全社会创造力和发展活力，努力实现更高质量、更有效率、更加公平、更可持续的发展！"[54] 新发展理念集中体现了对中国特色社会主义新的发展阶级基本特征的深刻把握，体现了对社会主义的本质要求和努力方向，标志着中国共产党对社会主义再认识的新提升。中国特色社会主义进入新时代，我国社会主要矛盾的变化是关系全局的历史性变化，对党和国家工作提出了许多新要求。我们要在继续推动发展的基础上，着力解决好发展不平衡不充分问题，大力提升发展质量和效益，更好满足人民在经济、政治、文化、社会、生态等方面日益增长的需要，更好推动人的全面发展、社会全面进步。社会的主要矛盾规定了社会的发展方向。社会主要矛盾从人民群众日益增长的物质文化需要同落后的社会生产之间的矛盾转变为人民日益增长的美好生活需要和不平衡不充分的发展之间的矛盾。社会主要矛盾的变化一方面展示了我国社会主义事业的巨大成就，即我们稳定解决了十几亿人的温饱问题，总体上实现了小康，另一方面也为新时代中国特色社会主义提出了新的要求，即在发展生产力的同时，要着力解决发展不平衡不充分的问题，进而全面建成小康社会。这是一个事关全局、事关发展和稳定的大文章。中国特色社会主义进入新时代，就是要更高层次上更好地解决当前中国社会的主要矛盾，推动社会主义中国全面发展，进一步彰显社会主义的制度优势。近代以来，中国人民从救亡图存到推翻"三座大山"，从改变"一穷二白"面貌到建设社会主义现代化，今天为更加美好生活而努力奋斗，决胜全面建成小康社会，这无论在中华民族发展史，还是社会主义发展史、世界发展史上都具有重大意义，这不但是中国历史上亘古未有的伟大跨越，也是中国对人类社会的伟大贡献。全面建成小康社会，标志着中国人民向着实现中华民族伟大复兴迈出了至关重要的一步，在这个决胜阶段，我国发展仍面临着许多困难和挑战，仍要啃掉不少难啃的硬骨头，要使全体人民都过上更加美好的生活，必须付出长期不懈的艰辛努力。如果到 2020 年我们在总量和速度上完成了目标，但发展不平衡不充分的问题没有解决，就算不上真正实现了目标。

党的十九大提出分两步走在 21 世纪中叶建成富强民主文明和谐美丽的社会主义现代化强国的战略安排，丰富和发展了我国现代化建设思想，勾画了全面建设社会主义现代化强国的时间表和路线图，而决胜全面建成小康社会是实现这个战略安排的前提。全面小康，关键是"全面"。如果说"小康"讲的是发展水平，那么"全面"讲的则是发展的平衡性、充分性、协调性和可持续性。这个"全面"，除了涉及的领域是全面的，包括经济、政治、文化、社会、生态文明建设协调发展；它覆盖的人群、地方也是全面的。马克思主义认为，人的全面发展与社会全面进步是相互促进共同实现的。只有社会生产力持续增长、社会关系合理建构、社会交往普遍发展、社会保障不断提高，人的发展才能落到实处；反过来，社会进步也有赖于人的发展。今天，面对人民对美好生活向往的新期盼新要求，我们要更好地推进中国特色社会主义各项事业全面发展，为分两步走建成社会主义现代化强国提交更加出色的成绩单，并更进一步深化对共产党执政规律、社会主义建设规律、人类社会发展规律的认识。

（二）中国特色社会主义进行伟大斗争，体现科学社会主义革命品质

中国特色社会主义是科学社会主义的新发展。习近平新时代中国特色社会主义思想顺应时代发展，集中全党智慧，大力推进理论创新，不断开辟马克思主义中国化新境界。在这个思想指导下，中

国共产党领导全国各族人民，进行具有许多新的历史特点的伟大斗争、推进党的建设新的伟大工程、推进中国特色社会主义伟大事业、实现中华民族伟大复兴伟大梦想，推动当代中国进入中国特色社会主义的新时代。党的十九大报告提出，社会是在矛盾运动中前进的，有矛盾就会有斗争。我们党要团结带领人民有效应对重大挑战、抵御重大风险、克服重大阻力、解决重大矛盾，必须进行具有许多新的历史特点的伟大斗争。任何贪图享受、消极懈怠、回避矛盾的思想和行为都是错误的。这个判断非常准确有力。世界社会主义要发展，同样要直面新的挑战、新的矛盾和新的问题，要进行具有许多新的历史特点的伟大斗争。这里讲的斗争，就是为发展中国特色社会主义进行的一系列伟大创新创造，是为了实现中国梦、强国梦而实施的战略举措，是突破遏制、回应挑战、补齐短板的斗争。

中国共产党是一个敢于斗争也善于斗争的党。没有斗争，就没有革命的胜利、建设的成就和改革的硕果。无论弱小还是强大，无论顺境还是逆境，我们党都初心不改、矢志不渝，我们党在斗争中不断成长壮大，领导人民百折不挠开展斗争又在斗争中不断取得胜利，攻克了一个又一个难关，创造了一个又一个奇迹。当代中国之所以能够实现伟大历史转变，前景被普遍看好，就是因为中国共产党带领中国人民以顽强的斗争精神进行矢志不移艰苦卓绝的斗争。今天，我们正在进行具有许多新的历史特点的伟大斗争，世情、国情和党情都已今非昔比。当今世界进入了大发展大变革大调整时期，国际力量对比发生新变化，出现了一系列新特点新趋势；经过40年改革开放，我国发展在取得举世瞩目成就的同时也面临许多新矛盾新问题，深化改革进入攻坚期；我们党的领导和党的建设在不断加强，但管党治党的宽松软问题、腐败问题仍然严重，全面从严治党任务还相当艰巨。我们一定要认真对待进行伟大斗争的长期性、复杂性、艰巨性，这是由我国仍处于并将长期处于社会主义初级阶段的基本国情没有变，我国是世界最大发展中国家的国际地位没有变所决定的，我们要实现伟大梦想，逐步摆脱发展不平衡不充分的现状，逐步缩小同世界先进水平的差距，必须进行长期的不懈奋斗，这个伟大斗争必然经历一个艰难困苦的漫长过程。

新时代的全面深化改革就是要"坚决破除一切顽瘴痼疾"，发扬斗争精神，提高斗争本领，坚决破除一切不合时宜的思想观念和体制机制弊端，突破利益固化的藩篱。进入新时代，我们党在重要领域和关键环节改革取得突破性进展，主要领域改革主体框架基本确立。为了着力解决发展不平衡不充分的一些突出问题，供给侧结构性改革先声夺人，首先就是调整制度结构、优化利益格局，提高有效供给。

就社会主义性质的市场经济体制改革而言，仍然存在不少束缚市场主体活力、阻碍市场和价值规律充分发挥作用的因素。"我们要坚持社会主义市场经济改革方向，从广度和深度上推进市场化改革，减少政府对资源的直接配置，减少政府对微观经济活动的直接干预，加快建设统一开放、竞争有序的市场体系，建立公平开放透明的市场规则，把市场机制能有效调节的经济活动交给市场，把政府不该管的事交给市场，让市场在所有能够发挥作用的领域都充分发挥作用，推动资源配置实现效益最大化和效率最优化，让企业和个人有更多活力和更大空间去发展经济、创造财富。"[55]

现在经济体制改革的重点已聚焦到产权制度和要素市场化配置这两个方面，这也是两大攻坚战。只有着力构建市场机制有效、微观主体有活力、宏观调控有度的经济体制，才能不断增强我国社会主义经济的创新力和竞争力。对一些改革进展滞缓的原因和危害，人们有比较清楚的认识，但一旦诉诸实际行动，就会发现水深浪险，一些改革部署和重大政策措施需要进一步落实。改革越深化，阻力也越大，除了改革本身的复杂性，最主要最顽固的还是既得利益的障碍，这就必须发扬斗争精神啃掉这些"硬骨头"。

全面深化改革要攻坚克难，"再深的水也要蹚"，既要有"壮士断腕"的改革勇气、要有对国家前途民族命运的历史责任担当，还要有能够啃掉"硬骨头"的改革智慧，涉激流、过险滩。"看准了的事情，就要拿出政治勇气来，坚定不移干。"[56]全面深化改革要更加重视顶层设计，从解放和发展生产力的实际需要出发，从上层建筑和意识形态反作用于经济基础的实际需要出发，需要改什么就改什么；特别注重不断总结实践经验推动全面深化改革，注重改革系统整体优化，以产生综合效能。我们推出的每一项改革措施，都要考虑全面深化改革的整体性和其他方面改革的要求，在方案设计和推进方式的协同上做好文章，特别是某些具有牵一发而动全身效应的改革措施，更是如此，注重推进重要领域与关键环节的改革，注重破解改革难点、重点和突破点相互掣肘的情况。抓改革方案协同，也抓改革落实协同，更要抓改革效果协同，以促进各项改革措施在政策上相互配合、实施中相互促进、成效上相得益彰。

中国改革发展的任务依然艰巨繁重，发展不平衡不充分问题依然突出，经济风险社会风险都有上升趋势；国际局势依旧波诡云谲，周边环境日益敏感复杂，社会主义中国发展在受到世界高度关注同时，也面对各种干扰和挑战，这些都在考验着我们的智慧和能力。"我们既要有防范风险的先手，也要有应对和化解风险挑战的高招；既要打好防范和抵御风险的有准备之战，也要打好化险为夷、转危为机的战略主动战。"[57] 社会主义要发展，不能躺在功劳簿上沾沾自喜，任何犹豫者、观望者、懈怠者、软弱者都将被无情地淘汰。坚持社会主义方向的全面深化改革，"决不能因为胜利而骄傲，决不能因为成就而懈怠，决不能因为困难而退缩，努力使中国特色社会主义展现更加强大、更有说服力的真理力量"[58]。

此外，党的十九大报告对其他多方面的新的伟大斗争提出了要求，要更加自觉地坚持党的领导和我国社会主义制度，坚决反对一切削弱、歪曲、否定党的领导和我国社会主义制度的言行；更加自觉地维护人民利益，坚决反对一切损害人民利益、脱离群众的行为；更加自觉地投身改革创新时代潮流，坚决破除一切顽瘴痼疾；更加自觉地维护我国主权、安全、发展利益，坚决反对一切分裂祖国、破坏民族团结和社会和谐稳定的行为；更加自觉地防范各种风险，坚决战胜一切在政治、经济、文化、社会等领域和自然界出现的困难和挑战。

（三）中国特色社会主义推进制度建设，创新科学社会主义顶层设计

马克思、恩格斯时代还没有社会主义制度，列宁也来不及探索如何巩固建立起来的社会主义制度问题，后来苏联领导人搞的一套制度模式，还是没有解决好许多问题，反而使不少人对社会主义制度产生了怀疑。邓小平对此有着强烈的忧患意识和紧迫感。"我们今天再不健全社会主义制度，人们就会说，为什么资本主义制度所能解决的一切问题，社会主义制度反而不能解决呢？"[59]中国特色社会主义进入新时代，在新的历史起点上进行伟大斗争、建设伟大工程、推进伟大事业和实现伟大梦想，就是要把这个问题进一步解决好，更有力地证明社会主义制度的优越性。"通过不断改革创新，使中国特色社会主义在解放和发展社会生产力、解放和增强社会活力、促进人的全面发展上比资本主义更有效率、更能激发全体人民的积极性、主动性和创造性，更能为社会发展提供有利条件，更能在竞争中赢得比较优势，把中国特色社会主义制度的优越性充分体现出来。"[60]

历史经验告诉我们，社会主义制度优越性不会自动呈现，只有坚持共产党的领导，走适合本国实际的道路，才能不断完善和发展中国特色社会主义制度，在政治、经济、社会、文化各方面体现制度优势。社会主义中国的制度优势在中国社会主义建设实践特别是

40年改革开放实践中不断显示出来，其中最重要或者最大优势就是中国共产党的领导。今天世界上只要不抱偏见的人们都注意到并承认，中国共产党的领导有理想、有目标、有行动、有成果，能办成许多国家想办而办不成的事情，能解决许多国家想解决而解决不好的难题。

新时代全面深化改革的动员令，聚焦于"完善和发展中国特色社会主义制度，推进国家治理体系和治理能力的现代化"这个总目标。"这是坚持和发展中国特色社会主义的必然要求，也是实现社会主义现代化的应有之义。""必须完整理解和把握全面深化改革的总目标，这是两句话组成的一个整体，即完善和发展中国特色社会主义制度、推进国家治理体系和治理能力现代化。"[61] 推进国家治理体系和治理能力现代化的前提是完善和发展中国特色社会主义制度，即推进国家治理现代化，必须在中国特色社会主义制度前提下进行；而完善和发展中国特色社会主义制度，是为了更好地推进国家治理现代化。基于这个总目标，凝聚共识，形成合力，为一以贯之坚持和发展中国特色社会主义提供有力制度支撑。

从世界社会主义发展看，并不是确立了社会主义制度就万事大吉。通过制度建设推进国家治理现代化既是中国全面深化改革的总体目标，又是完善和发展中国特色社会主义制度的实际内容。一个国家的发展道路，只有这个国家的人民最有发言权，而这条发展道路是在什么样的制度条件下进行，也只有获得这个国家人民的共同认可才算数。中国特色社会主义制度，是中国人民通过长期艰苦卓绝的探索逐步形成的，是历经检验被证明能够促进中国发展改革稳定的制度。我们要珍惜来之不易的制度成果。

中国是疆域最大、人口最多的发展中国家，还处在向现代化迈进的转型期，制度是治国理政的基本规则，是起根本性、全局性、长远性作用的东西。"相比我国经济社会发展要求，相比人民群众期待，相比当今世界日趋激烈的国际竞争，相比实现国家长治久安，我们在国家治理体系和治理能力方面还有许多不足，有许多亟待改进的地方。真正实现社会和谐稳定、国家长治久安，还是要靠制度，靠我们在国家治理上的高超能力，靠高素质干部队伍。我们要更好发挥中国特色社会主义制度的优越性，必须从各个领域推进国家治理体系和治理能力现代化。"[62] 现代化的制度建设既具有普遍性，但在中国条件下，这些制度的实际功效和实现形式又必须具有中国特色，特别是我们的制度建设是在中国共产党领导下通过改革开放来实现的，这就必须进行某些特殊的制度安排。

我们既要坚定制度自信，更要敢于探索、勇于完善，不断革除体制机制弊端，让我们的制度自信更有把握更能管用。"今天，摆在我们面前的一项重大历史任务，就是推动中国特色社会主义制度更加成熟更加定型，为党和国家事业发展、为人民幸福安康、为社会和谐稳定、为国家长治久安提供一整套更完备、更稳定、更管用的制度体系。"我们要通过全面深化改革，使各个领域的改革联动和集成起来，在国家治理体系和治理能力现代化上形成总体效应、取得总体效果。"没有坚定的制度自信就不可能有全面深化改革的勇气，同样，离开不断改革，制度自信也不可能彻底、不可能久远。我们全面深化改革，是要使中国特色社会主义制度更好；我们说坚定制度自信，不是要固步自封，而是要不断革除体制机制弊端，让我们的制度成熟而持久。"[63]我们讲制度自信，不能是固步自封裹足不前，而是要通过各方面的体制机制改革，使我们的制度更加完善更加持久。制度自信，既体现为政治定力，也体现为改革创新。我们的制度还没有达到更加成熟更加定型的要求，这就激发我们下更大的决心改革创新，攻坚克难，提高运用社会主义制度治国理政的本领。

我国的现行制度既具有共产党在社会主义国家执政的特点，也来自我们的政治文化传统和历史经验，还吸收了世界各国政治文明的某些成果。现代化国家治理的核心是民主与法治，国家治理的制度设计必须保障主权完整和人民当家作主，保证宪法和法律成为国家治理的最高权威。通过制度建设推进国家治理现代化，就要把党的执政能力建设和国家制度建设的要求具体化。我们越来越认识到，许多急流险滩和难啃的"硬骨头"大都与某些制度缺陷，特别是法制不健全、法治不落地有关，一些被严厉打击的势力和不正之风仍有死灰复燃的可能，这就更加突显了强化依法治国力度的紧要性和迫切性，也就是从法治上为解决这些问题提供制度化方案。无论是全面深化改革需要法治保障，还是全面推进依法治国需要深化改革，都要明确中国特色社会主义是中国人民自己的事业，中国人民是深化改革和依法治国的主体和力量源泉，所有改革措施、法治建设都是为了人民、依靠人民、造福人民、保护人民。这些都对坚持共产党领导、人民当家作主和依法治国提出了更高的要求。办好这些事情，既是为人类对更好社会制度的探索提供中国方案，也是为世界社会主义发展贡献的宝贵经验，对世界社会主义运动和人类进步事业将产生深远的影响。

五、习近平新时代中国特色社会主义思想
推动社会主义运动新高潮

恩格斯早就指出："每一个时代的理论思维，都是一种历史的产物，它在不同时代具有完全不同的形式，同时具有完全不同的内容。"[64] 社会主义从空想到科学，从理论到实践，从一国经验到各种探索，从来就不是按什么教条来进行的。中国革命、建设和改革的历程，中国走的社会主义道路，都是马克思的时代、列宁的时代不可能遇到的情况，没有现成的答案，需要自己去探索。中国既坚持了科学社会主义基本原则，又结合国情实际和时代条件，开创了中国特色社会主义的发展道路。中国特色社会主义是改革开放以来党的全部理论和实践主题，中国特色社会主义不是什么别的主义，是科学社会主义的中国版，是在吸收借鉴人类社会创造的一切文明成果基础上的新型社会主义。

经过改革开放 40 年的探索和创新，中国特色社会主义道路、理

论、制度和文化日臻成熟。今天，中国特色社会主义进入新时代，形成了习近平新时代中国特色社会主义思想。习近平新时代中国特色社会主义思想是当代中国马克思主义、21世纪马克思主义，内涵十分丰富，从理论和实践结合上系统回答了新时代坚持和发展什么样的中国特色社会主义、怎样坚持和发展中国特色社会主义这一重大时代课题，深刻回答了新时代坚持和发展中国特色社会主义的一系列基本问题，进一步深化了中国共产党对共产党执政规律、社会主义建设规律、人类社会发展规律的认识。精准确定党和国家所处历史新方位，作出中国特色社会主义进入了新时代的科学判断；科学分析我国社会主要矛盾新变化，作出我国社会主要矛盾已经转化为人民日益增长的美好生活需要和不平衡不充分的发展之间的矛盾的重大论断；提出中华民族迎来了从站起来、富起来到强起来的伟大飞跃，科学谋划了从全面建成小康社会到基本实现现代化、再到全面建成社会主义现代化强国的战略安排；提出我们比历史上任何时期都更接近、更有信心和能力实现中华民族伟大复兴的目标，必须坚定理论自信、道路自信、制度自信和文化自信，必须进行伟大斗争、建设伟大工程、推进伟大事业、实现伟大梦想；提出坚持和发展中国特色社会主义要一以贯之，推进党的建设新的伟大工程要一以贯之，增强忧患意识、防范风险挑战要一以贯之，并通过一系列实践部署开创了马克思主义新境界、中国特色社会主义新境界、治国理政新境界、管党治党新境界。当今世界正在经历新一轮大发展大变革大调整，社会主义中国高举和平发展合作共赢旗帜，提出构建人类命运共同体思想，稳健推进中国特色大国外交，扎实推进"一带一路"建设，加速推动形成全面开放新格局，通过深刻改变中国来深刻影响世界。

什么是社会主义？怎样建设社会主义？马克思、恩格斯尽管科学论证了社会主义的基本原理，但是他们在 19 世纪的时代条件下不可能给我们提供所有问题的答案。与许多前社会主义国家改弦易辙不同的是，中国共产党人坚守住了自己的初心，坚守住了社会主义的科学信仰，在历史逆境中顽强搏斗，使得社会主义制度通过改革开放焕发强大的生命力。青山遮不住，毕竟东流去。中国发展需要世界，世界发展也需要中国，中国特色社会主义的伟大实践将继续为世界社会主义伟大事业贡献中国智慧。只要我们不忘初心、继续前进，就一定能够取得中国特色社会主义的伟大胜利，也一定能够向世界证明社会主义的优越性，为人类对更好社会制度的探索提供中国助力，乃至在一定意义上把世界社会主义运动重新推向高潮。中国特色社会主义道路在振兴中华民族的同时，也振兴了世界社会主义运动。

当然我们必须指出，以中国特色社会主义道路开启为主要标志的世界社会主义运动的第三次高潮与前两次高潮有很大的区别。从运动的广泛性看，这次世界社会主义运动高潮不如前两次，即它并没有像前两次那样有这么多的国家涌入社会主义的阵营。但是，这次世界社会主义运动的高潮主要不是表现为广泛性的扩大，而是其内涵的深化，这是理解当今世界社会主义运动已走出低谷、走向高潮的关键。看一个运动处于什么状态，既要视其量，更要观其质，而毫无疑问，当今人们对社会主义的内涵与特征等有了新的认识，这些质的创新正是由中国特色社会主义道路所赋予的，正是这些新的内涵与特征使世界社会主义运动能以一种崭新的形式得以延续和发展。中国特色社会主义不是对传统社会主义的简单复兴，它是在创新中坚持和推进了世界社会主义运动。中国特色社会主义的航船之所以能在险恶的处境中不断前进，靠的就是在实践中不断开辟新的航向，正是这一新的航向对世界社会主义运动产生了巨大的积极作用。中国特色社会主义道路的成功实践和理论创新，展现出了社会主义的复兴之路和希望之光。

中国方案是在自身实践探索当中形成的成功方案。习近平总书记指出："中国特色社会主义是不是好，要看事实，要看中国人民的判断，而不是看那些戴着有色眼镜的人的主观臆断。"[65]二百年来，资本主义在全世界建构了一套西方中心主义的意识形态体系，这套意识形态体系排斥除了西方现代工业文明以外的任何发展模式的可能性，排斥西方现代政治制度之外的任何政治制度的可行性，排斥西方现代文化价值以外的任何文化样式的文明性。中国特色社会主义建设所包含的社会主义市场经济、民主政治、先进文化、和谐社会、生态文明建设，以及促进人的全面发展，促进社会公平正义，逐步实现全体人民共同富裕的成就，证明了所谓西方"普世价值"的荒谬性，并通过构建中国特色的文明发展模式丰富和完善人类文明发展的多样性。

中国方案的成功实践尤其表明，西方模式的资本主义的经济政治制度并非通向现代化的唯一道路，社会主义也同样具有实现现代化伟大力量，而且中国道路的现实成就显示出，社会主义现代化是更加全面、更加公平、更加为全体人民所共享的现代化，大大降低了西方主导的经济政治和文化模式的吸引力。中国特色社会主义道路不仅是中华民族实现民族复兴的必由之路，也为广大发展中国家实现现代化贡献了社会主义方案启示。埃及共产党总书记萨拉赫·阿德利感叹中国扶贫成就，认为贫富差距拉大是不少发展中国家面临的严峻挑战，是影响社会稳定的潜在威胁，中国探索出的成功方案为世界提供了发展经济、改善民生的有益借鉴。肯尼亚内罗毕大学学者盖里雄·伊基亚拉指出，中国在经济社会等各领域取得的显著发展体现出中国特色社会主义政治制度的优越性。墨西哥参议院第一副参议长冈萨雷斯表示高度认同中国的对外开放政策，中国的发展经验既是墨西哥学习的榜样，也值得其他国家学习借鉴。

当然，中国方案是一种开放和兼容的社会主义，它重构了社会主义与资本主义的关系。中国在社会主义与资本主义的相互关系问题上，既看到了社会主义与资本主义的区别与矛盾，又正视社会主义与资本主义的联系与共存。面对资本主义世界，中国道路既不搞"全盘西化"，也不采取"自我封闭"。中国道路既不放松对资本主义和平演变的警惕，又积极地与资本主义进行交往，利用资本主义的一切积极的文明成就来建设社会主义。中国道路坚持以科学的态度对资本主义进行具体分析，致力于把资本主义所创造的属于人类文明的成果与资本主义制度剥离开来，即把资本主义的基本制度与其体制、机制、方法等区别开来，强调对基本制度不能简单照搬，但对具体文明成果要积极吸取和借鉴。中国道路已形成了较为完整的正确处理社会主义与资本主义相互关系的理论和实践，为世界社会主义运动正确处理两者关系提供了成功的范例。由于中国道路的开创，传统的社会主义与资本主义的关系正在经历重构，这将对世界社会主义运动的前途和命运产生重大而深远的影响，也是中国方案对世界社会主义运动的一个重大意义之所在。总而言之，中国特色社会主义是在坚持科学社会主义基本原理的基础上，以新的丰富内容构建了当代科学社会主义新的理论形态。在新时代，中国对世界社会主义运动的意义和最根本的助力，就是要继续创新和发展科学社会主义理论。中国特色社会主义道路把科学社会主义的一般原理运用于当代中国实际，摆脱对科学社会主义革命路径和新社会图景的教条式理解，摆脱超越历史发展阶段的实践，提出了一系列新的理论和原则，创新和发展了科学社会主义理论。中国特色社会主义在新时代，还要为科学社会主义理论宝库增添了许多新的内容，把科学社会主义理论推进到了一个新的境界、新的阶段。中国特色社会主义理论是以"中国特色"作为自己空间定位的，具体地说，以"中国特色"所内含的具体实践相异于抽象的原则，以"中国特色"所内含的独特意蕴相异于其他国家的理论与实践。但是，这并不意味着中国特色社会主义与民族狭隘性联系在一起，恰恰相反，中国特色社会主义对科学社会主义的普遍意义越来越鲜明地呈现于人们的面前。

习近平多次指出："道路问题是关系党的事业兴衰成败第一位的问题，道路就是党的生命。""道路决定命运，找到一条正确的道路多么不容易，我们必须坚定不移走下去。"[66]中国特色社会主义道路之所以能够成功，正是因为坚守并发扬了社会主义的科学品质，坚守并推动了科学社会主义在当代的发展，坚守并提升了社会主义道路的时代境界。时代特色和民族特色是中国方案贡献给世界社会主义运动的一把钥匙。中国道路，说一千道一万，不是别的什么道路，就是中国特色社会主义道路，就是社会主义与时代、民族、地域结合的适合本国国情的发展道路，它对自己提出的要求是，深深植根于社会主义初级阶段这一基本国情，不崇洋，不媚外，不妄自菲薄，也不夜郎自大，独立自主，兼容并包，在社会主义制度设计上既坚持中国国情，又借鉴世界先进文明，既坚持马克思主义基本原理，又在此基础上创造性发展出当代中国马克思主义理论体系。中国特色社会主义进入新时代，习近平新时代中国特色社会主义思想尤其保持着高度的理论自觉，保持着社会革命的初心和使命意识。习近平新时代中国特色社会主义思想必将在新的时代主题和格局中，开拓科学社会主义的理论价值，使科学社会主义基本原则在当今依然具有不可颠覆的真理价值。中国方案有理由让世界重新思考社会主义，并在这种思考中开启世界社会主义发展新的征程。

注 释

[1] 习近平总书记在新进中央委员会的委员、候补委员学习贯彻党的十八大精神研讨班开班式上发表重要讲话,《人民日报》2013 年 1 月 6 日。

[2]《马克思恩格斯文集》第 3 卷,人民出版社 2009 年版,第 566 页。

[3]《马克思恩格斯文集》第 1 卷,人民出版社 2009 年版,第 672 页。

[4]《马克思恩格斯文集》第 9 卷,人民出版社 2009 年版,第 388 页。

[5]《邓小平文选》第 3 卷,人民出版社 1993 年版,第 225 页。

[6]《邓小平文选》第 3 卷,人民出版社 1993 年版,第 382—383 页。

[7] 见《邓小平文选》第 3 卷,人民出版社 1993 年版,第 105 页;邓小平会见澳大利亚总理霍克的讲话,《人民日报》1986 年 5 月 21 日。

[8] 中共中央文献研究室编:《邓小平思想年谱(一九七五——一九九七)》,中央文献出版社 1998 年版,第 302 页。

[9]《邓小平文选》第 2 卷,人民出版社 1994 年版,第 313 页。

[10] 中共中央文献研究室编:《邓小平思想年谱(一九七五——一九九七)》,中央文献出版社 1998 年版,第 370 页。

[11]《马克思恩格斯文集》第 10 卷,人民出版社 2009 年版,第 588 页。

[12]《毛泽东选集》第 2 卷,人民出版社 1991 年版,第 534 页。

[13]《邓小平文选》第 3 卷,人民出版社 1993 年版,第 383 页。

[14] 蒲国良:《新时代中国特色社会主义的世界意义》,《理论与改革》2018 年第 2 期。

[15] 习近平:《决胜全面建成小康社会 夺取新时代中国特色社会主义伟大胜利——在中国共产党第十九次全国代表大会上的报告》,人民出版社 2017 年版,第 14 页。

[16] 习近平:《在庆祝中国共产党成立 95 周年大会上的讲话》,《人民日报》2016 年 7 月 2 日。

[17]《"华盛顿共识"正被中国终结》,《参考消息》2011 年 3 月 14 日。

[18] 习近平:《在庆祝中国共产党成立 95 周年大会上的讲话》,《人民日报》2016 年 7 月 2 日。

[19] 习近平:《在哲学社会科学工作座谈会上的讲话》,《人民日报》2016 年 5 月 19 日。

[20] 习近平在十八届中共中央政治局第三次集体学习时的讲话,《人民日报》

2013 年 1 月 30 日。

　　［21］《马克思恩格斯文集》第 1 卷，人民出版社 2009 年版，第 405 页。

　　［22］《马克思恩格斯全集》第 23 卷，人民出版社 1972 年版，第 783 页。

　　［23］《马克思恩格斯全集》第 16 卷，人民出版社 1964 年版，第 403 页。

　　［24］《马克思恩格斯文集》第 10 卷，人民出版社 2009 年版，第 481 页。

　　［25］习近平：《共同创造亚洲和世界的美好未来——在博鳌亚洲论坛 2013 年会上的主旨演讲》，《人民日报》2013 年 4 月 8 日。

　　［26］习近平：《共同构建人类命运共同体——在联合国日内瓦总部的演讲》，《人民日报》2017 年 1 月 20 日。

　　［27］《邓小平文选》第 3 卷，人民出版社 1993 年版，第 368 页。

　　［28］《邓小平文选》第 2 卷，人民出版社 1994 年版，第 143、150 页。

　　［29］《邓小平文选》第 3 卷，人民出版社 1993 年版，第 317—318、320 页、370 页。

　　［30］习近平：《在庆祝中国共产党成立 95 周年大会上的讲话》，《人民日报》2016 年 7 月 2 日。

　　［31］中共中央文献研究室编：《邓小平年谱（一九七五——一九九七）》，中央文献出版社 2004 年版，第 1364 页。

　　［32］习近平接受俄罗斯电视台专访，《人民日报》2014 年 2 月 9 日。

　　［33］《邓小平文选》第 3 卷，人民出版社 1993 年版，第 254 页。

　　［34］习近平：《关于〈中共中央关于全面深化改革若干重大问题的决定〉的说明》，《十八大以来重要文献选编》，中央文献出版社 2014 年版，第 496 页。

　　［35］习近平：《开放共创繁荣　创新引领未来——在博鳌亚洲论坛 2018 年年会开幕式上的主旨演讲》，《人民日报》2018 年 4 月 11 日。

　　［36］《邓小平文选》第 3 卷，人民出版社 1993 年版，第 204 页。

　　［37］习近平：《决胜全面建成小康社会　夺取新时代中国特色社会主义伟大胜利——在中国共产党第十九次全国代表大会上的报告》，人民出版社 2017 年版，第 17 页。

　　［38］《邓小平文选》第 3 卷，人民出版社 1993 年版，第 2—3 页。

　　［39］习近平总书记在新进中央委员会的委员、候补委员学习贯彻党的十九大精神研讨班开班式上发表重要讲话，《人民日报》2017 年 1 月 6 日。

　　［40］习近平：《在纪念马克思诞辰 200 周年大会上的讲话》，《人民日报》2018 年 5 月 4 日。

　　［41］习近平：《决胜全面建成小康社会　夺取新时代中国特色社会主义伟大胜

利——在中国共产党第十九次全国代表大会上的报告》，人民出版社 2017 年版，第 21 页。

［42］见《马克思恩格斯文集》第 8 卷，人民出版社 2009 年版，第 52 页。

［43］习近平：《在中国文联十大、中国作协九大开幕式上的讲话》，《人民日报》2016 年 12 月 1 日。

［44］习近平在中共中央政治局召开民主生活会上的讲话，《人民日报》2016 年 12 月 28 日。

［45］《2013 年"两会"调查：网友最关注的"十大关键词"》，《人民日报》2013 年 2 月 27 日；《人民网 2017 年两会调查：反腐倡廉暂居十大热点榜首》，http://soiety.people.om.n/n1/2017/0224/1008-29106598.html。

［46］习近平：《在十八届中共中央政治局第一次集体学习时的讲话》，《人民日报》2012 年 11 月 19 日。

［47］习近平总书记在新进中央委员会的委员、候补委员学习贯彻党的十九大精神研讨班开班式上发表重要讲话，《人民日报》2018 年 1 月 6 日。

［48］习近平：《切实把思想统一到党的十八届三中全会精神上来》，载《求是》2014 年第 1 期。

［49］《习近平谈治国理政》，外文出版社 2014 年版，第 96 页。

［50］习近平在同全国劳模代表座谈时的讲话，《人民日报》2013 年 4 月 29 日。

［51］习近平：《深入学习中国特色社会主义理论体系　努力掌握马克思主义立场观点方法》，载《求是》2010 年第 7 期。

［52］习近平在同全国劳模代表座谈时的讲话，《人民日报》2013 年 4 月 29 日。

［53］《邓小平文选》第 3 卷，人民出版社 1993 年版，第 225 页。

［54］习近平：《决胜全面建成小康社会　夺取新时代中国特色社会主义伟大胜利——在中国共产党第十九次全国代表大会上的报告》，人民出版社 2017 年版，第 35 页。

［55］习近平：《在十八届中共中央政治局第十五次集体学习时的讲话》，《人民日报》2014 年 5 月 28 日。

［56］习近平在主持召开中央全面深化改革领导小组第一次会议时的讲话，《人民日报》2014 年 1 月 23 日。

［57］习近平总书记在新进中央委员会的委员、候补委员学习贯彻党的十九大精神研讨班开班式上发表重要讲话，《人民日报》2018 年 1 月 6 日。

［58］习近平总书记在新进中央委员会的委员、候补委员学习贯彻党的十九大精神研讨班开班式上发表重要讲话，《人民日报》2018 年 1 月 6 日。

［59］《邓小平文选》第2卷，人民出版社1994年版，第333页。

［60］习近平：《切实把思想统一到党的十八届三中全会精神上来》，载《求是》2014年第1期。

［61］习近平总书记在省部级主要领导干部学习贯彻十八届三中全会精神专题研讨班开班式上发表重要讲话，《人民日报》2014年2月17日。

［62］习近平总书记在省部级主要领导干部学习贯彻十八届三中全会精神专题研讨班开班式上发表重要讲话，《人民日报》2014年2月17日。

［63］习近平：《切实把思想统一到党的十八届三中全会精神上来》，载《求是》2014年第1期。

［64］《马克思恩格斯文集》第9卷，人民出版社2009年版，第436页。

［65］习近平：《在庆祝中国共产党成立95周年大会上的讲话》，《人民日报》2016年7月2日。

［66］《习近平谈治国理政》，外文出版社2014年版，第36页。

第四章　从人类社会发展看习近平 新时代中国特色社会主义思想 *

　　党的十九大报告指出：中国特色社会主义进入新时代，意味着近代以来久经磨难的中华民族迎来了从站起来、富起来到强起来的伟大飞跃，迎来了实现中华民族伟大复兴的光明前景；意味着科学社会主义在二十一世纪的中国焕发出强大生机活力，在世界上高高举起了中国特色社会主义伟大旗帜；意味着中国特色社会主义道路、理论、制度、文化不断发展，拓展了发展中国家走向现代化的途径，给世界上那些既希望加快发展又希望保持自身独立性的国家和民族提供了全新选择，为解决人类问题贡献了中国智慧和中国方案。三个"意味着"表明，新时代中国特色社会主义既与中华民族的伟大复兴联系在一起，是近代以来中国故事的必然延伸，同时，它又与

---

　　* 本章作者：复旦大学马克思主义学院教授陈学明、马拥军；上海财经大学马克思主义学院讲师姜国敏。

科学社会主义在 21 世纪的全球复兴、与人类现代化的道路选择联系在一起，它愈来愈生发出世界历史意义，回应人类当今的新问题新挑战，指向一种人类文明史新阶段、新形态的探索建构。

一、人类社会发展的阶段历程与中国特色 社会主义的世界历史意义

历史的阶段划分和形态归纳对马克思主义的历史科学叙事具有特别的意义。马克思主义的创始人在"重新研究全部历史"[1] 时，马克思主义在 20 世纪 20—30 年代深入影响中国、指导中国马克思主义者为了搞清楚中国的来路和出路而"重新研究"中国历史时，除了首先是用唯物主义的根本历史观立场进行"颠倒"之外，其又一大鲜明的分析范式和理论抓手，就是运用唯物的标准进行历史分期，对历史特别是文明史历程加以总览式的把握。这种历史分期法本身也是唯物史观的题中应有之义。例如，马克思在《〈政治经济学批判〉序言》的经典表述中，既然唯物主义地揭示出"物质生活的生产方式"对人们的全部"社会生活、政治生活和精神生活"起着根本的制约作用，也就因而抓住这种生产方式作为尺度，从它的不同阶段性表现，划分了人类历史的阶段性，划分出所谓"经济的社会形态"："大体说来，亚细亚的、古希腊罗马的、封建的和现代资产阶级的生产方式可以看做是经济的社会形态演进的几个时

代。"[2]马克思在这里以及他和恩格斯在其他多处地方，都对既往几个社会历史阶段再加上未来共产主义社会进行了依次列举，这启示后世马克思主义理论家归纳定型出最为著名的"五种社会形态"的划分[3]。

除了这种从人的经济活动当中挑出最具有直接现实性的生产方式来进行的历史分期，马克思也从经济生活领域的另一个方面，从人与人在经济活动中的相互关系着眼，提出过"三大社会形态"的划分："人的依赖关系（起初完全是自然发生的），是最初的社会形态，在这种形态下，人的生产能力只是在狭窄的范围内和孤立的地点上发展着；以物的依赖性为基础的人的独立性，是第二大形态，在这种形态下，才形成普遍的社会物质交换，全面的关系，多方面的需求以及全面的能力的体系；建立在个人全面发展和他们共同的社会生产能力成为他们的社会财富这一基础的自由人性，是第三个阶段。第二阶段为第三阶段创造条件。"[4]学者们曾经围绕马克思主义的社会历史分期理论究竟是"五阶段论"还是"三阶段论"争论不休，这种争论当然有其学理价值，并且对于苏联和中国社会主义运动实践中存在的把"五阶段"划分教条化、把理论问题政治化的错误做法，具有重要的反思批判价值。但是，当代许多学者在各自阐发这两种阶段划分观点时，却往往都忽视了马克思无论在"五阶段论"还是"三阶段论"的阐述当中，都不是对各阶段平铺直叙、把各段的差异平等视之的，马克思尤其注重指出那"第五"或"第三"的共产主义阶段同之前的阶段有着根本区别和超越，在这个意义上，可以说马克思主义也是一种"两阶段论"。

　　所谓"两阶段论"，实质就是说，马克思主义的这种社会发展阶段叙事，不是为了叙事而叙事，不是在纸面上、概念上为了划分而划分，而是要通过历史阶段更替的理论叙事，从社会历史运动的规律性角度，科学地、带有超越性地论证出下一步趋势目标——共产主义。所以，这种"两阶段性"正如《共产党宣言》所说："不管阶级对立具有什么样的形式，社会上一部分人对另一部分人的剥削却是过去各个世纪所共有的事实"，而"共产主义革命就是同传统的所有制关系实行最彻底的决裂"[5]。例如，马克思在前引《〈政治经济学批判〉序言》的"五阶段"式列举之末说："资产阶级的生产关系是社会生产过程的最后一个对抗形式，……但是，在资产阶级社会的胎胞里发展的生产力，同时又创造着解决这种对抗的物质条件。因此，人类社会的史前时期就以这种社会形态而告终。"[6]而在《资本论》中，马克思在"三阶段"式地谈论商品经济形式和未来自由人联合体形式时，指出了通过"长期的、痛苦的历史发展"，后者要揭掉前者的"神秘的纱幕"。

　　对这种根本区别和超越性质的强调，贯穿于马克思主义科学的历史理论创立和发展的全过程。早在《关于费尔巴哈的提纲》的新世界观最初萌芽阶段，马克思在区别理论形态上的新旧唯物主义时，就初步揭示了其社会基础上的本质对立："旧唯物主义的立脚点是市民社会，新唯物主义的立脚点则是人类社会或社会的人类。"[7]恩格斯在系统阐发马克思主义整体理论的《反杜林论》(相应段落被选

187

编入《社会主义从空想到科学的发展》）中也指出："一旦社会占有了生产资料，商品生产就将被消除，而产品对生产者的统治也将随之消除。社会生产内部的无政府状态将为有计划的自觉的组织所代替。个体生存斗争停止了。于是，人在一定意义上才最终地脱离了动物界，从动物的生存条件进入真正人的生存条件。"[8] 从马克思、恩格斯的这些表述当中，我们也看到了前共产主义和共产主义之间区别的文明史意义，马克思主义认为后者才是人类社会的正史，是真正人的自由历史。

从 19 世纪开始，中国这一古老的东方文明和世界上许多文明体一样，遭受西欧资本主义列强的侵略，被强制纳入由西方所主导的、根本上说是受资本原则所规定的世界历史进程之中，"各民族的原始封闭状态由于日益完善的生产方式、交往以及因交往而自然形成的不同民族之间的分工消灭得越彻底，历史也就越是成为世界史"[9]。但是，西方列强侵略中国的目的，绝不是要把封建的中国变成资本主义的中国，而只是要把中国变成它们的半殖民地和殖民地，变成资本主义的外围附庸。在近代以来中国人民可歌可泣的自救求索进程中，十月革命一声炮响给我们送来了马克思列宁主义，马克思主义对于资本主义的批判超越图景，特别是列宁主义阐明和初步实践了的非资本主义路线图，为我们指明了前进的基本方向，我们作为后发国家要"以俄为师"，通过非西方的社会形态走向富强文明。中国共产党领导的新民主主义革命和新中国社会主义改造和建设，就是谋求建立一个与封建羁绊决裂而又跨越资产阶级水平的社会主义国家，在艰辛探索当中打下了中国特色社会主义的基本前提，积累了正反两方面的经验。

马克思、恩格斯指明了生产力和生产关系、经济基础和上层建筑的辩证关系，从历史观的高度呈现了"经济的社会形态"的一般演进态势，并且重点关注了西方资本主义国家的社会形态变革方略，资产阶级社会在财富的普遍生产的地方，伴随着的是贫困的普遍生产，"在一极是财富的积累，同时在另一极，即在把自己的产品作为资本来生产的阶级方面，是贫困、劳动折磨、受奴役、无知、粗野和道德堕落的积累"[10]。正是"财富的普遍生产"必然伴随着"贫困的普遍生产"的这一资产阶级文明社会的二律背反，促生了现代社会主义运动，也设定了社会主义的主旨和根本目的，这就是：克服和解决资本主义社会的财富的积累与贫困的积累、资产阶级化与无产阶级化的矛盾、悖谬、二律背反，消除和消灭剥削、贫困和奴役，最终达到社会财富的极大丰富和现实个人的解放、自由和全面发展。

这种社会发展路线图的科学性，本身就是建基于其现代化已经实现、生产力和财富积累高度发达的富强局面，这才使社会主义从空想变为科学。从这个直接的狭义的尺度上，正如《〈政治经济学批判〉序言》所阐明的两个"决不会"的唯物史观基本原理所说的那样，或者如邓小平更加直截了当地评价的，"虽说我们也在搞社会主义，但事实上不够格"[11]。所以，中国原有的社会主义计划经济体制，其实是在落后的、"不够格"的生产力发展水平前提下，在资金短缺、积累手段有限而工业化的速度和体系化要求迫切的历史任务面前，由党和国家来全面主导资源配置，保证高积累和优先发展重工业，同时在较低水平上但较为公平地保证人民的基本生活和社会安定[12]，用列宁的话来说，就是"首先用革命手段取得达到这个一定水平的前提，然后在工农政权和苏维埃制度的基础上赶上别国人民"[13]。

　　所以我们要看到，改革前后的体制转变，从"在中国的社会主义"到真正的"中国特色社会主义"，本身是一脉相承，遵循着相通的历史条件和任务的，具有共同的世界历史分期地位。计划经济体制的社会主义，尽管是根据马克思主义对"自然历史过程"下的未来社会面貌的原则预测和中国现代化事业的具体情况的特定结合，在相当大程度上压抑个人利益，并排斥商品和市场原则机制，在比较极端的形式上呈现出"去商品化""去资本化"和"去金融化"倾向，但是仍然存在着按劳分配的基本分配制度，存在着商品、货币、价格、经济核算等市场机制的元素，并且探索突破经典作家的理论预想和苏联式计划经济模式，并未由国家作为社会的唯一代表按统一的计划组织生产和进行分配，而是实行国有和集体两种公有制形式，主张发挥中央和地方两个积极性，调动一切积极因素，实际上形成了公有制实现形式的多层级性，造成了经济运行中一定程度的多主体性，在当时历史条件下对个人利益和社会整体生产效率的提高起到了积极作用，并且成为日后改革、开放和搞活的必要探索和先声。

第四章　从人类社会发展看习近平新时代中国特色社会主义思想

中国特色社会主义孕育和发展历程所贯穿的一条主线，就是在坚持科学社会主义原则和中国自身宝贵经验的基础上，"大胆吸收和借鉴人类社会创造的一切文明成果，吸收和借鉴当今世界各国包括资本主义发达国家的一切反映现代社会化生产规律的先进经营方式，管理方法"[14]。其中，特别是将资本主义的现代性文明那里业已发展成熟的市场建制，吸收纳入社会主义的范畴当中，建立社会主义市场经济体制，使之成为中国特色社会主义的基本制度框架，在经济、政治、文化、社会、生态和党的建设等各领域，展开全方位的改革和制度体制机制建设，也在体制变革和制度变迁的意义上推动当代中国社会主义基本制度的巩固、自我完善和发展。正如邓小平所说的，改革作为"中国的第二次革命"[15]，"是社会主义制度的自我完善，在一定的范围内也发生了某种程度的革命性变革"，它标志着"我们已经开始找到了建设有中国特色的社会主义的路子"[16]。改革开放以来，我们彻底突破计划经济基础上的传统社会主义各项社会体制，推动实现社会主义与市场建制的创造性结合，开启当代中国的全方位改革。

另一方面，我们始终坚守新中国所建立的党和国家的一整套基本制度体系，并将其视为改革所依据的原则、出发点、归宿和应当持守的底线，将改革视为这套基本制度体系的自我完善和发展。这是中国道路与苏联东欧等的"转轨"道路的本质性区分，也是中国道路植根于它自身的历史现实土壤的本质性要求。中国道路所始终坚持社会主义的基本导向和基本原则理想不是抽象的和空洞的，"社会主义的原则，第一是发展生产力，第二是共同富裕"[17]。社会主义的这一基本原则理想同时也是当代中国改革和发展道路所遵循的基本导向原则。所以，解放生产力、发展生产力，同消除剥削、消除两极分化、最终达到共同富裕一道构成了社会主义的本质。这种社会主义本质的科学界定，当然也就为中国特色社会主义给出了基本导向和基本原则，这具体地归结为十三大时所提炼的"以经济建设为中心，坚持四项基本原则，坚持改革开放"的社会主义初级阶段基本路线，按照邓小平的目标设计，"基本路线要管一百年，动摇不得"，直到 21 世纪中叶，达到中等发达国家水平，基本实现现代化。

对于社会主义初级阶段而言，我们一方面有着阶段上的初级性，这是受中国的经济社会发展水平所制约的，就如马克思所预言的，这种"自然的发展阶段"，"既不能跳过也不能用法令取消"[18]，"工业较发达的国家向工业较不发达的国家所显示的，只是后者未来的景象"[19]，社会主义的规定性也只是如马克思所启示的那样"缩短和减轻分娩的痛苦"[20]。而今天，党的十九大向我们正式确认，中国特色社会主义已经进入了"新时代"，如果只作直观的形式逻辑的判断，那么新时代中国特色社会主义也还没有超出"社会主义初级阶段"，《十九大报告》也明确指出"社会主义初级阶段的国情没有变"。但从历史运动发展的辩证法角度来看，新时代也就意味着社会主义初级阶段进入了更高水平的时期，进入了后半段，在这一意义上它同前半段相比也已经有了一些改变。而且，社会主义初级阶段的后半段的目标，实际上也已经调整了，超出了邓小平关于"初级阶段"的原初设定。原来 21 世纪中叶"达到中等发达国家水平，基本实现现代化"的奋斗目标，已经调整为到 2035 年"基本实现现代化"、到 2050 年"建成社会主义现代化强国"。

这就说明，习近平新时代中国特色社会主义思想在指导我们为着新时代事业而奋斗过程中，将越来越没有既成的"未来的景象"显示给我们、供我们作为赶超目标了，我们在"照着讲""接着讲"之后，越来越需要"自己讲"了。2013 年，习近平在纪念毛泽东同志诞辰 120 周年座谈会上讲道，"今天，我们正在进行具有许多新的历史特点的伟大斗争"，选择在这一时机给出这一提法，不能不引起我们的深思。毛泽东在 1962 年扩大的中央工作会议上讲话说：

　　从现在起，五十年内外到一百年内外，是世界上社会制度彻底变化的伟大时代，是一个翻天覆地的时代，是过去任何一个历史时代都不能比拟的。处在这样一个时代，我们必须准备进行同过去时代的斗争形式有着许多不同特点的伟大的斗争。为了这个事业，我们必须把马克思列宁主义的普遍真理同中国社会主义建设的具体实际、并且同今后世界革命的具体实际，尽可能好一些地结合起来，从实践中一步一步地认识斗争的客观规律。

毛泽东在论述马克思主义中国化的必要性时，正是将之同"伟大时代"、同准备进行新形式新特点的"伟大的斗争"联系起来的，习近平新时代中国特色社会主义思想这一马克思主义中国化最新成果在今天适时提出，也正是理论对现实历史运动现实斗争的科学反映。新思想以其战略眼光和理论勇气，准确定位了我们的富强程度，反映了我们在世界历史的宏大进程中的既有成果和未来目标，在中国和世界发生着翻天覆地伟大变化的新时代，习近平在学习贯彻党的十九大精神研讨班开班式上发表重要讲话指出，"新时代中国特色社会主义是我们党领导人民进行伟大社会革命的成果，也是我们党领导人民进行伟大社会革命的继续"，因此我们从逻辑上完全可以说，就像伟大的中国革命和改革作为"中国的第二次革命"一样，新时代新思想将在中国和世界的历史上，开启"第三次"革命。

二、人类当今面临的挑战与中国特色社会主义提供的新时代选择

在马克思主义看来，共产主义社会从根本上来说是在彻底积极的意义上、在人的发展尺度上的新文明开启，是对"前共产主义"、对人类社会"前史"的扬弃，不过，也可以从狭义的经济运动的尺度上，将共产主义看作是对资本主义经济制度的否定，是对资本主义本身不可克服的经济矛盾、经济危机的根本解决，它是"后－资本主义"。这种直接否定关系就如《共产党宣言》所指出的："社会

所拥有的生产力已经不能再促进资产阶级文明和资产阶级所有制关系的发展；相反，生产力已经强大到这种关系所不能适应的地步，它已经受到这种关系的阻碍；而它一着手克服这种阻碍，就使整个资产阶级社会陷入混乱，就使资产阶级所有制的存在受到威胁。资产阶级的关系已经太狭窄了，再容纳不了它本身所造成的财富了。"[21]

这种对资本主义的否定，是为了拯救人类的文明成果本身，避免"经济的社会形态"自身蕴含的经济性荒唐、经济性毁灭："在商业危机期间，总是不仅有很大一部分制成的产品被毁灭掉，而且有很大一部分已经造成的生产力被毁灭掉。在危机期间，发生一种在过去一切时代看来都好像是荒唐现象的社会瘟疫，即生产过剩的瘟疫。社会突然发现自己回到了一时的野蛮状态，仿佛是一次饥荒、一场普遍的毁灭性战争，使社会失去了全部生活资料，仿佛是工业和商业全被毁灭了。这是什么缘故呢？因为社会上文明过度，生活资料太多，工业和商业太发达。"[22]所以从这个维度上来说，马克思主义科学地论证出共产主义，首先就是一种遵循着"提出问题—解决问题"的直接现实性逻辑，就是对应于例如历史学大家汤因比解释人类普遍文明形态的"挑战—应战"模型、费正清解释中国近代发展历程个例的"刺激—反应"模型一样。

而20世纪以来，特别是第二次世界大战以后，西方资本主义制度发生了较大的形态变化，它的社会矛盾、危机、对抗也相应发生了变异、衍生、转型。除了原先经典形态的劳动和资本在直接物质生产领域的对立，除了无产和有产在一个市场体系内部清晰化绝对化的两极分化，我们仅在经济领域当中看问题，资本主义的市场体系就已经发生着金融化、虚拟化等变化，形态愈加繁杂，作用机制异常漫长曲折，贫富对立变得相对化、全球体系化。并且，资本的原则逻辑进一步越出狭义的经济范围，侵蚀人的全部生活范围，造成人的生存状态的全面"单向度"化，乃至于更是与人之间具有原初本质统一的自然界，也在当代人们的资本主义生产生活方式重压之下急剧恶化。可以说，当今时代在资本主义全球秩序统治、资本文明原则规定下的人类，面临着共同的挑战，面临着全面性的荒唐和有可能全面性的毁灭。

首先，是资本主导下人与人经济不平等的全面深化，在《资本论》时代马克思运用思维的"抽象力"、在"典型化"语境下所描绘的资本主义市场画面，随着全球市场体系的实践普及而得到实证的呈现：（1）遵循商品按价值交换的原则，劳动者被推向市场，劳动者在市场上将自己的劳动力作为商品同资本进行交换，劳动者的人的存在只是作为劳动力的载体而已，成为与其他商品"物"一样的存在，当劳动力交换出去以后，劳动者自己实际上已沦为附属于资本的工具，他的唯一属性就是像工具一样工作；（2）资本主导的市场推崇效率至上原则，生产的组织者完全服从于获取利润的目的，对于资本雇佣劳动进行生产的形态而言，事实上也就是围绕着资本增殖这一轴心旋转，使劳动过程成为纯粹为资本谋取利润的过程，那就不会再考虑什么劳动者本身的自我实现；（3）资本主导的市场片面地认可个人利益和肯定竞争，也就要把劳动者们的人与人之间的关系变成了主要是竞争的关系，劳动者为了自己的生存，为了保持自己的"饭碗"而与自己的伙伴展开竞争，不惜"以邻为壑"。

进而，当今世界每个人的身心之间、每个个体的境遇与社会体系结构之间也处于深刻矛盾之中，当今世界的人们在资本社会的生存和交往条件下，在资本漫溢出狭义经济生产交往的范围而对全社会加以统治的条件下，"单向度"的生存状态日益普遍化。也就是说，在资本主义的商品形式占支配地位的条件下，由于商品范畴成为整个社会的普遍范畴、社会生活的所有方面都成为交换领域，资本的原则和逻辑内嵌于商品生产和交换过程之中，经由这个中介影响塑造了人的全部社会生活。特别是现代资本主义为了维系资本主义经济体系本身的运动，进而为了使完成其本身全部建制的再生产，刺激消费，造就了人们的消费主义的"虚假的需求"，为资本主义经济持续增长提供动力，人不仅在直接生产领域从属于资本而沦为劳动机器，而且人也成了消费机器。与此相对应，马克思主义所强调的人的本质的"全面性"，特别在"全面的"本质中尤其对人的劳动的突出，就愈发显示出积极的现实意义来。

更进一步的，就是人与自然之间的矛盾，特别是生态危机的日益加剧。资本运动有两个基本原则，"效用"原则和"增殖"原则，它们决定了资本在本质上是反生态的，资本所主导和规定的人类生产生活过程，是同生态环境尖锐对立的。资本的"效用"原则，是要求在有用性的意义上看待和利用自然界，使自然界成为工具，使自然界丧失了自身的价值。而资本的"增殖"原则，则要求资本本身的无限增殖过程，它与效用原则连在一起，也就使自然界的这种工具化变得越来越严重，它对自然界的利用是无止境的，这种利用过程和结果对自然界的破坏也是没有尽头的。以前人们往往比较注意马克思在论述资本的增殖原则时揭露了资本主义生产无限扩大趋势与劳动人民有支付能力需求相对缩小之间的矛盾，而忽视了马克思实际上还基于资本的这一原则来揭示资本主义生产无限扩大的趋势与自然界承载能力有限性之间的矛盾。

美国的生态马克思主义者詹姆斯·奥康纳指出，人们只知道在马克思那里有对资本主义"第一重矛盾"的分析，即资本主义生产无限扩大趋势与劳动人民有支付能力需求相对缩小之间的矛盾，而实际上，马克思还有对资本主义"第二重矛盾"的探讨，即资本主义生产无限扩大的趋势与自然界承载能力有限性之间的矛盾，尽管后一方面的理论与前者相比，显得不是那么充分和系统。在奥康纳看来，一旦把"使用价值"置于与"交换价值"同样的地位，资本主义的"第二重矛盾"就清楚地显现于人们面前了。人们不仅看到资本主义存在着"价值与剩余价值的生产与实践"之间的矛盾，也存在着"社会再生产的资本主义关系及力量"之间的矛盾。他强调指出，马克思主义关于资本主义"第二重矛盾"的学说"主要聚焦于资本主义的生产关系和生产力，通过损害或破坏、而不是再生产其自身的条件，从而具有的自我毁灭的力量的问题上。"[23]

第四章 从人类社会发展看习近平新时代中国特色社会主义思想

上述这些当今世界上人类面临的挑战新形势，也就为 21 世纪的马克思主义、特别是为当代中国马克思主义——习近平新时代中国特色社会主义思想——提出了理论回应和超越的新任务。实际上，列宁之所以发展了马克思主义，邓小平之所以发展了马列主义毛泽东思想，一个基本要点就是敏锐抓住了他们所处的那个世界新时代阶段的新问题形态，在理论上作出创新反应习近平新时代中国特色社会主义思想同样也应当如此，这既是当代马克思主义、当代科学社会主义自身发展不可回避的时代命题，也是彰显自身理论的世界意义的重大机遇。

当然，当着上述微观机制上的矛盾挑战暗流涌动，当今人类世界仍然可以在一个相当宏观和抽象的意义上，沿用邓小平关于"和平"与"发展"的主题词进行概括，这种不对称的变化态势，也正是和我们的"新时代"辩证扬弃着中国特色社会主义相类似的，我们的社会主要矛盾已经发生了一个"变"，而我们的国情世情却还是两个"没有变"。但是，如果我们着重从变的视角看待宏观，那么也正如同新时代新思想鲜明地改变了国内社会主要矛盾判断、精细地地修正和提升了"第三步走"的目标内涵一样，今天"和平"与"发展"问题的具体内涵有了重要的不同，需要加以调整重估。就"和平"问题来说，无疑，我们仍然延续着"二战"后基于核武器的所谓"恐怖平衡"，并且由于"冷战"后一超多强的"单极化"世界力量对比，因而在邓小平关于世界大战"打不起来"的意义上，我们仍然处于"和平"之中，但"二战"以来直至今天由资本主义具

199

体主导和维系这种"和平"的现有既有世界格局秩序，已经开始逐步失灵、失范。

另一方面，对于"发展"问题，在 2008 年国际金融危机的直接现实冲击之下，旧有积累的资本文明的现代性弊病已经集中凸显，发展中国家包括大多数新兴经济体欲发展现代化而失策，而一些宗教极端主义等反现代化力量又在局部蔓延横行。"和平"与"发展"问题的新表现集中反映着资本主义旧文明的衰落，甚至在美国和西欧这样的资本主义文明核心地带，也陷入了现代性与多元性的意识形态迷惘，西方主流文化曾经的自洽和自信也遭遇前所未有的危机。美国新任总统特朗普所代表的美国社会的撕裂，难民和英国脱欧等问题所冲击着的欧盟统一体建构，标志着不仅在经济危机、生态危机、社会生存危机方面，而且在"二战"以来西方理性主义传统和现代资本逻辑支配下的阶段性均衡，在其价值理念、政治格局及全球治理体系方面，也已经面临着严重的威胁。

与当今世界其他各个局部包括西方的"乱象"相比，中国之"治"是异常显著和值得珍视的。但是中国也并不是全然置身事外的。中国既然作为后发国家，其现代化进程既然不可避免地要采用模仿西方和追赶西方的方式，采纳西方发端的现代化大工业生产力，采纳西方资本主义所奠定的市场经济的基本社会建制；同时，中国不可避免地要谋求同世界的互利交往，要融入由资本所定向、西方资本主义国家所主导的现行全球分工体系——从而中国在现代化的深入展开过程中，也自身不可避免许多具体的经济社会问题，更不可避免受到国际全局性问题的影响波及。可以说，中国在表面上看来也是在很大程度上再现了西方发达国家业已经历过的"现代性困境"，只不过，同西方历史上的周期性危机和当今的新型困境相比，我们中国特色社会主义的辉煌成就和昂首阔步迈入新时代的发展势头才是主流。然而，中国特色社会主义的现代化道路既然走到了新时代的重大关节点上，也就需要对既往的经验进行一个基本的总结评估，并对下一步的根本方向和步骤进行战略规划，进一步给出超越的方案智慧。

而对此问题，有一些论者看似是在称赞中国道路和中国智慧，但是只是把中国作为追随西方现代性的"模范生"，提出现代性是人类发展的必由之路，而在现代性的展开过程中其正效应和负效应都是不可避免的，因此这派观点或者只是基于所谓"发展代价论"，实证主义地、无批判地主张继续保持现代化进程同其消极影响并存的状况，或者是主张"现代性困境"是现代化发展过程中的"阵痛"，未加论证地声称它们会随着现代化进程的继续推进"自然而然"地解决，又或者是认为只有等到中国的现代化过程基本完成才有可能解决这些负面问题，而倘若现在就着手去解决，只能干扰中国的现代化建设。也有另一派论者，看似是激烈地批判西方已经经历的现代性，但却是赋予现代性本身以所谓的"原罪"，而不追究资本主义的社会根源，从而对于中国的超越直到，也是提出中国应该放弃现代性发展理念、停止现代化发展道路，使中国成为一块置身于世界之外的"非现代化的圣地"，这派观点实际是憧憬某种后现代或前现代的生产方式和生活方式，将中国作为了他们的思想寄托。这两种错误观点，把中国特色社会主义拉回到了资本主义乃至前资本主义的层次上，凸显不出中国特色社会主义作为科学社会主义的延续和创新的"后资本主义"特性，更凸显不出中国特色社会主义走向新时代的进一步发展。

上述来自两个不同方面的片面否定和肯定，其焦点实际上就是中国的现代化究竟向何处去的问题，是当代中国经济社会发展的目标定位和价值取向的问题，但上述两种选择都只能是"死路"，中国必须开辟一条新的道路，马克思主义，特别是当代中国的马克思主义——习近平新时代中国特色社会主义思想，就为我们指明了正确的新路。我们只要运用马克思主义的现代性批判理论视角来看问题，就知道现代性既有不可否认的负面效应，但又有人的历史发展的积极意义，并且，现代性的负面效应并不应归结于现代性本身，不应是当作为现代性内在逻辑发展的必然结果，而是要把现代性之下物对人的统治追溯到人对人的统治，马克思主义也并不希望现代人放弃对现代性目标的追求，而是要人们对现代性加以"治疗"，只要换一种社会制度，换一种社会组织方式，换一种价值观念，现代性理念以及作为这一理念具体实施的现代化运动完全有可能避免目前所出现的各种弊端——实际上，其对西方资本主义的现代化运动的负面效应的揭露和批判，就变成了对社会主义理想追求的必然性论证——而中国特色社会主义道路，就是实现社会主义现代化、创造人民美好生活的必由之路。

三、习近平新时代中国特色社会主义思想彰显了人类社会的多样性

世界文化是多元的，人类走向文明的道路也应是多样的。强调人类文明社会发展既是统一的又是多样的，是马克思主义唯物史观的重要内容。马克思一方面认为，人类文明社会的发展是一个自然历史过程，人类社会按照内在的规律总会有一个总的趋向，另一方面又提出由于人类文明社会发展所依据的各种历史条件具有特殊性和差异性，从而不同的民族和国家在发展过程中也会表现出不同的内容和形式。正是这种不同的内容和形式构成了人类文明的多样性。马克思曾经用"在现象上显示出无穷无尽的变异和色彩差异"[24]来表达这种人类文明的多样性。但是，在"西方中心主义"的话语体系的"笼罩"下，人类文明发展似乎只有一种文明形式，这就是欧洲文明、西方文明。"西方中心主义"者把西方文明解释成为人类文明的普遍的、唯一的形式，将西方走向现代化的道路视为整个人类必须效法的"典范"，把西方文明所意蕴的文化价值说成是人类文明的共同价值。[25]苏联解体、东欧易帜使这种"西方中心主义"更是畅行无阻。"别无选择"论，即人类要走向文明除了接受西方式的道路，没有其他道路可选择的说法，一时被一些人奉为不刊之论。西方霸权主义者大言不惭地宣称西方文明是世界上唯一理想

的文明形式，并力图通过各种手段诋毁或消灭其他文明形式。弗朗西斯·福山的"历史终结说"最典型地表述了这种西方霸权主义者的立场和观点。他狂妄地断言：西方的那种人类文明形式，即西方的自由民主制度也许是"人类意识形态发展的终点"和"人类最后一种统治形式"，随着这种文明形式变成为全人类的制度，人类历史走向"终结"。[26]中国特色社会主义道路的开辟对人类文明的另一个方面的重要意义就在于解构了这种"西方中心主义"的话语体系，揭示和彰显了人类文明发展的多样性。

中国特色社会主义道路不是离开人类文明发展大道的道路。中国道路的开创必须坚持世界历史眼光，必须吸收和借鉴人类社会创造的一切优秀文明成果，其中当然包括对西方文明的优秀文明成果的吸收和借鉴。邓小平明确地指出："社会主义要赢得与资本主义的相比较的优势，就必须大胆吸收和借鉴人类社会创造的一切文明成果，吸收和借鉴当今世界各国包括资本主义发达国家的一切反映现代社会化生产规律的先进经营方式，管理方法。"[27]江泽民也深刻地指出："中国的发展与进步，离不开世界各国的文明成果。我们的社会主义现代化建设，需要继承和发扬中华民族的优秀文化传统，也需要学习和吸收世界各国人民包括在资本主义制度下创造的优秀文明成果。"[28]但是，我们在强调大胆吸收和借鉴人类社会所创造的一切优秀文明成果的同时，并没有一味地跟在别人后面亦步亦趋，并没有把现代化等同于西方化，而是立足于当代中国的社会现实，创造性地吸收和借鉴他人的经验，将国外特别是西方的优秀的文明成果与我国的具体实际结合在一起。邓小平在强调要吸收和借鉴他人的优秀成果的同时，又指出："我们的现代化建设，必须从中国的实际出发，无论是革命还是建设，都要注意学习和借鉴外国经验。但是，照抄照搬别国经验、别国模式，从来不能得到成功。这方面我们有过不少教训。把马克思主义的普遍真理与我国的具体实际结合起来，走自己的道路，建设有中国特色的社会主义，这就是我们总结长期历史经验得出的基本结论。"[29]江泽民针对一些人误将吸收和借鉴西方文明的优秀成果当作就是全盘接受西方文明模式，特别强调："各国文明的多样性，是人类社会的基本特征，也是人类文明进步的动力"[30]，人类社会的发展"不能只有一种社会、一种社会制度、一种发展模式、一种价值观念"[31]。胡锦涛也反复重申关于多样性文明和发展模式共存的命题。他在联合国成立60周年首脑会议上指出："在人类历史上，各种文明都以自己的方式为人类文明作出了积极的贡献。存在差异，各种文明才能相互借鉴、共同提高；强求一律，只会导致人类文明失去动力、僵化衰落。各种文明有历史长短之分，无高低优劣之别。"[32]他在党的十七大报告中也强调，世界各国应该在"文化上相互借鉴、求同存异，尊重世界多样性，共同促进人类文明繁荣进步"[33]。中国人民正是在认定文明模式是多样的，走向文明的道路也是多样的前提下，坚持对西方文明在辨析中吸收、在借鉴中创新、在共存中互补[34]，终于走出了属于自己的一条道路，这就是中国特色社会主义道路。

党的十八大以来，习近平提出并反复强调了"人类命运共同体"

的概念。诚然，在历次党代会报告当中，也一向把维护世界和平与促进共同发展作为中国共产党必须完成的三大任务之一（另两项任务是推进现代化建设和完成祖国的统一），十九大报告将新时代中国特色社会主义的基本方略概括为"十四条坚持"，其中一个坚持就列入了"推动构建人类命运共同体"，强调必须统筹国内国际两个大局，始终不渝走和平发展道路、奉行互利共赢的开放战略——所以，它首先已经超越了外交专门领域政策主张的层次，获得了极大的理论地位提升。

并且，十九大报告的基本方略阐述论证，更是联系了中国共产党、联系了共产主义世界历史运动，报告"人类命运共同体"的方略条目之下首先指出的是："中国共产党是为中国人民谋幸福的政党，也是为人类进步事业而奋斗的政党。中国共产党始终把为人类作出更大的贡献作为自己的使命。"它使人类文明摒弃"独占""独霸""独尊"思维，树立"共有""共享""共赢"理念是可能的，它把不以扩张主义为出发点、也不以霸权主义为必然归宿的人类文明发展前景，生动地展现在人类面前。

国内有的学者用"文明类型理论"来说明当今世界人类文明的多样性，以及为中国特色社会主义道路在多样性的人类文明中定位。这一理论根据主导性整合要素的不同，提出当今世界的主要文明形式可以区分为以下三类：一是宗教主导型文明，印度文明就属于这种文明；二是经济主导型文明，西方文明就是这样一种文明；三是政治主导型文明，可以把中国文明视为此类文明。这三种不同的文明分别以宗教信仰、资产的占有和政治权力在社会生活中起支配作用。自原始社会解体以来，宗教主导型文明的国家和地区经历了"一教社会→多教（派）社会→泛教（派）社会"的发展阶段和社会形态；经济主导型文明的国家和地区经历了"奴隶社会→封建社会→资本主义社会"的发展阶段和社会形态；政治主导型社会则经历了"宗法社会→专制社会→社会主义社会"的发展阶段和社会形态。基于这种"文明类型理论"来看待社会发展，得出这样一个重要结论：中国的社会主义与西方的资本主义大体上处于同一个历史阶段，从而认为当今中国的文明"级别"要低于西方文明的说法是不能够成立的。这一"文明类型理论"从中华文明的特征、发展历史和发展阶段来确定中国特色社会主义的性质，认为中国特色社会主义就是"现代社会主义政党制政治主导型文明"，它的基本特点是：一心为公为民的执政党的领导，国家可掌控的市场经济，"政治/伦理/科学"型的文化。中国特色社会主义这种类型的人类文明是追求文明进步的一条新路，它为广大贫穷落后国家和地区发展经济、摆脱贫困具有直接的借鉴作用。这种类型的文明的优越性将随着人类文明由工业文明阶段进入生态文明阶段，会越来越凸显出来。

中国人民开创中国特色社会主义道路的过程，是促进全球化时代人类文明多样性发展的过程，也正是通过这一过程，中国人民丰富了对社会发展规律和道路的认识。中国人民在选择自己的发展道路时，坚持在理论与实践的双向互动中实现创新。中国人民既不走封闭僵化的计划经济老路，也不走"全盘西化"改旗易帜的邪路，而是坚定不移地走中国特色的社会主义道路。中国人民通过创建中国特色社会主义道路深刻地认识到世界历史的发展必然是历时态与共时态的统一，"历史向世界历史转变"的方向是确定的，这是世界各个国家和民族的不可改变的共同趋归，但是各个国家和民族朝着这个方向前进的道路不会相同。人类文明过去不是单一状态的持续发展，现在更不是如此。人类社会文明的进步必然是多种文明共同作用的结果。恩格斯曾经把这种共同作用的结果比喻为"无数个力的平行四边形'形成''合力'的结果"，强调每一种社会文明"都对合力有所贡献，因而是包括在这个合力里面的"。正是有了这种对社会发展规律和道路的深刻认识，中国人民信心百倍地走在中国特色社会主义大道上。透过这一道路，世界人类文明演变的多样性和丰富性的特点，实实在在地展现在人们面前。

四、习近平新时代中国特色社会主义思想 开辟了人类和平发展的新路

一部人类文明史就是一部斗争史，人类文明的进步是在已积累的劳动和直接的劳动之间的对抗，不同的等级和阶级之间的对抗中实现的。人类文明的不同形态的演进一方面标志着物质文明和精神文明的发展进步，另一方面也意味着这种斗争和对抗以新的形式在进行着。自人类走出蒙昧和野蛮状态进入文明时代以来，先后经历

了原始文明、封建文明、资本主义文明等文明形态，比起以前的文明形态，资本主义文明即现代工业文明是文明的高级形态，但资本主义文明所蕴含的斗争与对抗也超过以往任何一种文明形态。正如马克思所指出的，资本主义文明的历史"是用血和火的文字载入人类编年史"的。资本主义的文明从来都是建立在对内剥夺农民、剥削工人，对外掠夺和侵略的基础之上的。英国工业化过程中那种"羊吃人"的圈地运动，美国工业化过程中土著印第安人遭到西方殖民者杀戮的情景，至今人们还历历在目。进入 21 世纪以后，资本主义"全球化"这部机器更是给世界留下了巨大的灾难和沟壑，资本主义文明正借用"军事铁拳头"来支持市场这只"看不见的手"，"新帝国主义"的存在就意味着"无限战争"。正是在这样的背景下出现了亨廷顿的《文明的冲突》一书，提出冷战结束后世界还不会太平，人类文明仍然充满着冲突。那么，人类文明就必然处于这种冲突、矛盾、危机的状态？人类文明的进步就必然在斗争和对抗中实现？如果说在中国特色社会主义道路开创之前，人们只能对此作出肯定的回答，那么在这条道路开创以后，人们完全可以作出另外的回答。中国的道路是一条和平发展的道路，这条道路的开创对人类文明更重大的意义在于使人类文明摒弃"独占""独有""独霸"思维、树立"共有""共享""共赢"理念成为可能。中国道路实际上开辟了和平发展的人类文明进步的新路，它把不以扩张主义为出发点、也不以霸权主义为必然归宿的人类文明发展前景鲜明地展现在人类面前。

中国道路的设计者和领路人一再强调中国所走的道路是一条和平发展的道路。邓小平在把握时代特征的基础上，明确地把和平与社会主义统一起来，努力"寻求一个和平的环境"进行社会主义现代化建设。他正式提出"主张和平的社会主义"的科学论断。他说："我们搞的是有中国特色的社会主义，是不断发展社会主义生产力的社会主义，是主张和平的社会主义。"[35] 基于对社会主义制度与和平的这种本质性联系的深刻认识，邓小平顺理成章地推出了系统的独立自主的外交政策，其核心就是使中国成为维护和平的重要力量。他说："从政治角度说，我可以明确地肯定地讲一个观点，中国现在是维护世界和平和稳定的力量，不是破坏力量。中国发展得越强大，世界和平越靠得住。"[36] 江泽民同样以无比坚定的语气向全世界宣布中国永远不称霸，一如既往地为维护地区和世界和平作出不懈的努力。他说："中国是维护世界和平的坚定力量。中国不同任何国家和国家集团结盟，不参加任何军事集团。中国永远不称霸，永远不搞扩张，同时反对任何形式的霸权主义、强权政治和侵略扩张行为。"[37] 以胡锦涛为总书记的党中央领导集体在奉行和平外交政策方面也是坚定不移，这主要表现在中国"和平崛起"的战略中。"和平崛起"这四个字铿锵有力，言简意深，既是中国改革开放以来内政外交大政方针的总结提炼，又是中国新世纪发展战略的精辟概括。胡锦涛在纪念毛泽东诞辰 110 周年座谈会上说道："中国坚持走和平崛起的发展道路，坚持在和平共处五项原则的基础上同各国友好相处，在平等互利的基础上积极开展同各国的交流与合作，为人类和平与发展的崇高事业作出贡献。"习近平在 2018 年召开的博鳌亚洲论坛年会开幕式上这样说道："和平犹如空气和阳光，受益而不觉，失之则难存。没有和平，发展就无从谈起。国家无论大小、强弱、贫富，都应该做和平的推进者和促进者，不能这边搭台、那边拆台，而应该相互补台、好戏连台。国际社会应该倡导综合安全、共同安全、合作安全的理念，使我们的地球村成为共谋发展的大舞台，而不是相互角力的竞技场，更不能为一己之私把一个地区乃至世界搞乱。""我们将坚定维护亚洲和世界和平稳定。中国人民对战争和动荡带来的苦难有着刻骨铭心的记忆，对和平有着孜孜不倦的追求。中国将通过争取和平国际环境发展自己，又以自身发展维护和促进世界和平。"[38] 这些言论，都清楚地表达了当今中国人民对和平的渴求，同时也都清楚地向全世界宣布，中国的道路是一条和平发展的道路。

党的十九大报告全面地论述了新时代中国特色社会主义的基本内涵，在理论上系统建构了另一套意识形态的中国话语，解构上述"西方中心主义"话语体系。从这些理论上的归纳来看，无论是"五位一体"的总体布局，"四个全面"的战略布局，还是坚持党对一切工作的领导、坚持以人民为中心、坚持新发展理念，这些发展模式的元素，都显现着丰富的中国底蕴和社会主义神采，这是一种具有鲜明的中国特色的、超越资本主义消极面的社会发展方案，它不同于西方资本主义的发展模式。可以说，习近平新时代中国特色社会主义思想的提出，进一步意味着一条以和平的方式走向新的人类文明的道路的诞生。这种新的道路的出现使西方发展模式走下了神坛，它阻挡了当今人类社会发展变成清一色的西方特征，意味着中国系统地形成了以和平的方式走向人类发展的新路。

在当前世界格局孕育大变革的重要历史时期，中国作为一个迅速崛起的实体，要以一个负责任的大国姿态，面对挑战与机遇、危机与良机，推进人类社会发展的多样化局面。中国道路是一条和平发展的现代化之路，我们欢迎各国搭中国经济发展快车、便车而不搞掠夺称霸，并倡导合作共赢。"人类命运共同体"的构建，就是要落实到中国所参与和推动的普惠、包容、分享、共赢的世界各国生存与交往的实践当中。新时代的中国特色社会主义，以实际行动在世界舞台上贡献着中国力量，以自身实践承担起一个大国责任，以此推动国际秩序重建和全球治理变革。

例如，十九大报告提出要进一步扩大对外开放，以"一带一路"建设为重点，协调引进来和走出去并重关系，遵循共商共建共享原则，加强创新能力开放合作，形成陆海内外联动、东西双向互济的开放格局。"一带一路"以交通基础设施建设为重点，契合亚欧大陆实际需要，为低迷的世界经济注入新的活力，已得到众多国家积极响应，就是要让中国与世界各国良性互动、互利共赢。并且，"一带一路"式的现实合作通路，使世界各国经济更加紧密连接，创造新的经济增长点和就业岗位，推动各国基础设施建设和体制机制创新，增强各国经济社会发展内生动力和文明素养。

又如，即使那原本是由西方资本主义按照自己的原则和面貌打造的、服务于资本主义全球化的既有手段，中国也要用自己的因素和力量加以吸收利用，使之成为中国"走出去"的有益形式。例如，中国在国际货币基金组织占比第 3 位，人民币正式加入国际货币基金组织特别货币提款权篮子 (SDR)，占比 11%，中国在世界银行的投票权，也从 2.77% 提高至 4.42%。又如，我们通过博鳌亚洲论坛、上海合作组织、金砖国家论坛等国际及区域组织，积极参与全球治理并展开自己具有主导力的治理实践。

除了现实手段，习近平新时代中国特色社会主义思想也注重从理念层次上，为构建人类命运共同体和全球治理体系，向世界提供崭新的价值指向。首先，习近平强调，要推动全球治理理念创新发展，积极发掘中华文化中积极的处世之道和治理理念同当今时代的共鸣点，弘扬共商共建共享的全球治理理念。中华文化一直以来重视"和合"，既要"和而不同"，也要"求同存异"，以求和谐，由此重视国家间尊重彼此利益而又求同存异之和谐关系。其次，这一思想所蕴含的价值取向是人民主体性和主张公平正义优先等，破解了西方二元对立的超然绝对主义和个人主义的困境，这从当今人类社会发展的西方主导客观现实的整体性出发，有针对性地倡导人类文明多元发展的价值取向，为构建公正合理的全球治理体系提供了价值基础，成为符合世界各国人民共同利益的崭新理念。

一些人总把中国走和平发展的道路归结为受中国传统文化的影响，这并没有错。确实，中华民族历来是个热爱和平的民族，中华民族有着热爱和平的"文化基因"，中华文化信奉的是"和为贵"

"内圣外王"的思想价值观念，中国当今的和平发展道路无疑与中国的这种文化传统有着密切的联系。但是，即使这种联系属于"密切"的联系，中华文明重视和平的传统对当今中国的和平发展道路也仅仅是提供了可能性，其实现还必须有现实的历史条件。换句话说，当今中国的和平发展道路并不是中华文明自然的产物，它并不是从中华文明固有的"文化基因"直接引申出来的，当今中国的和平发展道路是历史的结果。中国当今之所以走上和平发展道路，除了中国的文化传统之外，更依赖于中国的社会现实。

中国当今之所以走和平发展道路，说到底是由于我们所选择的道路是中国特色的社会主义道路，这是一条与西方的现代化道路截然有别的独特的道路。关键在于，中国特色社会主义发展道路的可能性"来自它走西方资本主义道路的不可能性"。"对于中国的现代化发展来说，其现实的可能性首先在于下述的不可能性找到依据，即它不可能依循西方资本主义—帝国主义的现代形式求得自身通达的道路。这样一种历史命运固然受制于文化传统。"[39] 正因为中国的发展道路是不同于西方的，所以中国的整个现代建制不可能像西方那样建立在以所谓"原子个人"作为基本前提的，而是诉诸"集体的力量"，从而不可能像西方那样人类文明以贪欲和扩张相伴随；也正因为中国的发展道路是不同于西方的，所以中国的文明并不是以资本为原则的文明，中国的发展需要利用资本，但中国在利用资本的同时还会限制和超越资本，中国人不会当资本的奴隶而是成为资本的主人，这样中国的发展并不是征服性和权力主义的，更不会走向霸权主义。总而言之，中国的发展道路绝对不会局限在现代资本主义文明的范式之中，而倒不如说是对这一范式的批判的脱离，这是一条不同于资本主义的社会主义道路，它有着自己的社会主义的价值目标和方向。正是这种超越了资本主义现代文明的"历史限度"的社会主义价值目标和方向，决定了中国的发展必然是一种和平的发展。

　　毫无疑问，当今中国人民所选择的社会主义道路是一条不同于苏联模式的社会主义道路。在战争与革命年代，苏联模式的社会主义道路的生命力得以充分展现，也发生过重大影响。但是，苏联的领导人并没有在新的历史条件下对时代主题的转换及时地作出正确的判断，同时，当时人们还"乐观地认为帝国主义的矛盾已经尖锐到只有从战争中寻找出路，从而把世界革命作为直接的战略任务"，人们还"认为资本主义已经处于总危机之中，因而埋葬资本主义为期不远"。[40]中国特色社会主义道路与苏联模式的社会主义道路不同之处首先在于对时代的判断不同，即认定不是战争与革命，而是和平与发展才构成当今世界的主题。中国特色社会主义道路修正了苏联模式社会主义道路对时代主题的错误判断，才把"社会主义与资本主义的和平共处"不是"只作为一种有权宜之计和战术方针"，而是"作为需要长期执行的战略任务"，不是把"埋葬资本主义"当作"为期不远的目标"，而是视为"长期的战略任务"。进入新世纪以来，尽管霸权主义和强权政治不但依然存在而且还有了新的发展，尽管国际恐怖主义日益猖獗，尽管西方反华势力对我国的"西化"

和"分化"的图谋不断显现，但是中国人民仍然相信时代的主题是和平与发展这一点没有变，从而仍然坚定地走在以和平发展为宗旨的中国特色社会主义大道上。

中国特色社会主义道路有两个关键词，这就是"和平发展""和谐世界"。这两个关键词鲜明地告诉人们走和平发展道路、建立和谐世界是发展中国特色社会主义的内在要求。中国特色社会主义道路所蕴涵的"和平发展""和谐世界"的理念将为促进整个世界的和平、稳定与发展做出重大贡献。"和平发展"这一关键词表明，中国的发展依靠的是长期的自我积累，其过程是和平的，中国的发展绝不像某些国家靠建立霸权等手段进行侵略和掠夺，它不想寻找什么捷径，而就是依靠长期的自我发展。"中国的和平发展道路是一条与世界各国和平共处、友好相处、共同发展之路，是一条在全人类共同利益基础上的振兴中华之路。这条道路是对其他国家发展经验教训的总结，顺应当代世界潮流，符合中国、亚洲和世界人民的根本利益，符合中国人民的历史经验和文化传统，具有充分的根据和客观条件，是中国的必然选择。"[41] 具体地说，选择和平发展的道路，就是一方面要充分利用和平的国际环境，另一方面又要使自己的发展推动促进世界的和平；就是一方面积极参与到经济全球化之中，通过公平竞争的交换，和平地获取中国实现现代化所需要的东西，另一方面又把发展的基点放在依靠自身的力量之上，主要通过自己的努力来解决难题。"和谐世界"这一关键词则表明中国特色社会主义是追求世界和谐与共同发展的社会主义，中国特色社会主义道路以实现社会主义现代化和中华民族的伟大复兴为自己的"梦想"，这一"梦想"的实现不仅意味着中国的繁荣富强，而且也标志着整个世界的和平、稳定与发展。具体地说，"和谐世界"的理念首先对反对霸权主义和强权政治、维护世界和平起重要的作用。"实现了社会主义现代化和中华民族伟大复兴的中国必然成为世界反对霸权主义、维护世界和平的重要力量，同时，建立和谐世界的理念也必然会成为世界上热爱和平的人们的共识，对推动世界和平发挥重要作用。""和谐世界"的理念将对全球经济的共赢和共存、推动世界历史整体发展起积极的作用。"中国作为一个拥有13亿人口的发展中国家，社会主义现代化目标的实现将对世界历史整体的发展、对世界的共同繁荣起巨大的推动作用。同时，建立和谐世界的理念对于国际关系中弘扬民主、和睦、协作和共赢精神，促进人类的共同发展具有积极意义。"[42]确实，"和平发展""和谐世界"这两个核心概念充分展现了中国特色社会主义道路的崇高境界。这两个概念体现出中国的道路是把发展自己与对世界和平的维护和推动紧紧地联系在一起的，坚持把中国人民的利益与世界各国人民的利益结合起来，把中国的发展纳入了世界文明的发展大道之中，把发展自己同促进人类文明进步统一在一起，这正是一个伟大国家和民族的崇高追求。

中国坚持走和平发展道路对人类文明的意义，越来越被人们所认识。著名的历史学家汤因比曾经一方面由"人类集体自杀之路"来指证西方文明的无出路状态，另一方面又把重建和平主义的希望寄托于中国，他这样说道："恐怕可以说正是中国肩负着不止给半个世界而是给整个世界带来政治统一与和平的命运。"[43] 正如吴晓明教授所指出的："作为伟大的历史学家，汤因比的历史见地是准确的和深入的。"[44] 汤因比的预见在当今的世界得以兑现。当然，中国的和平发展道路，"不是既与的、已经完成了的东西，而毋宁说是正在生成着的东西，是在展开过程中表现为必然性的东西"[45]。我们相信，随着中国的和平发展道路不断地"在历史地生成着"，也就是说，不断地变得成熟和圆满，它对人类文明的意义也会愈加充分地展现在人们面前。

五、习近平新时代中国特色社会主义思想对人类社会的重大贡献：重塑了社会主义与资本主义的关系

当今人类社会的一个至关重要的问题是社会主义与资本主义的关系问题。这一问题得不到妥善、合理的破解，人类文明的前途堪忧。社会主义就其"原生态"而言，确实不仅是资本主义的对立面，而且也是资本主义的替代者。当世界上出现了社会主义的理念、社会主义的运动，就意味着资本主义末日的来临。社会主义在人们的心目中从来就与资本主义不能共存、共生，两者相互排斥、水火不相容。对于19世纪的社会主义者来说，资本主义就是他们不共戴天

的死敌，消灭、埋葬资本主义是天经地义的，有时他们可能也对资本主义实施某种妥协，但这种妥协只有在"策略"的意义上才是合理的，才是可以被容忍的。进入 20 世纪以后，出现了以苏联为首的社会主义阵营，20 世纪的世界格局从总的来说就是社会主义阵营与资本主义阵营这两大阵营之间的对立和抗衡。斯大林曾经这样描述社会主义与资本主义的势不两立：对内，社会主义因素不可能在资本主义内部产生，它必须在"空地上"创造出新的经济形式[46]；对外，社会主义与资本主义之间的矛盾与斗争是不可调和的，其"经济结果，就是统一的无所不包的世界市场瓦解"，以及"两个平行的也是相互对立的世界市场"的出现[47]。20 世纪的社会主义者正是从两个平行、对立的世界市场理论出发，认为社会主义与资本主义不再有和平共处的可能，只有严重的对立与对峙。[48]虽然当时在社会主义阵营中，也不断地发出要与资本主义和平共处的呼声，但是这种呼声总是陷没在更为强烈的与资本主义相抗衡的声浪之中。而且，这种呼声因为缺乏富有说服力的理论依据和相应的社会环境，总显得理不直气不壮。当社会主义一直处于与资本主义如此对立的状态之时，社会主义不要说发展就是连自身的生存都十分艰难。对内"整齐划一"、对外与发达资本主义国家对垒的"社会主义阵营"肯定是没有前途的。

　　中国特色社会主义是一种开放和兼容的社会主义。中国特色社会主义道路对人类社会的发展一个重大意义就是它重新塑造了社会主义与资本主义的关系。中国特色社会主义道路的开创的一个重要标志就是不再一味地把资本主义视为"天敌",而是用开放和包容的心态看待资本主义,更多地从共性的角度看待对方,认识到当代世界的社会主义与资本主义完全可以彼此兼容、相互渗透。在与资本主义的相互关系问题上,中国道路既看到了资本主义与社会主义的区别与矛盾,又正视社会主义与资本主义的联系与共存。面对资本主义世界,中国道路既不搞"全盘西化",也不采取"自我封闭"。中国道路既不放松对资本主义"和平演变"的警惕,又积极地与资本主义进行交往,利用资本主义来建设社会主义。中国道路坚持以科学的态度对资本主义进行具体分析,致力于把资本主义所创造的属于人类文明的成果与资本主义制度剥离开来,即把资本主义的基本制度与其体制、机制、方法等区别开来,强调对基本制度不能简单照搬,但对具体文明成果要积极吸取和借鉴。中国道路已形成了较为完整的正确处理社会主义与资本主义相互关系的理论和实践,为国际社会主义运动正确处理两者关系提供了成功的范例。由于中国道路的开创,传统的社会主义与资本主义的关系正在被重构,这将对世界社会主义运动的前途和命运产生重大而深远的影响,也是中国道路对世界社会主义运动的一个重大意义之所在。

中国道路的设计者是基于对国际形势的正确判断,才改变了长期以来人们在看待社会主义与资本主义关系问题上的"对立"思维,重新思考和塑造两者的关系的。中国道路的设计者正确地意识到,当今的时代不是战争与革命的时代,而是和平与发展的时代。这是一个以和平发展为主题,以经济实力、科技实力和综合国力激烈竞争为象征的新时代。当今世界形势尽管错综复杂、动荡多变，但求得世界的稳定、和平与发展始终是全世界人民所追求的目标。基于对国际形势的这一判断，中国道路的设计者认识到要坚持和发展社会主义，就必须学会与资本主义共处，必须充分利用世界和平的大好时机来壮大自己，必须实现自身的发展与和平国际环境的良性互动，必须积极参与经济全球化，趋利避害。邓小平这样说道："中国长期处于停滞和落后状态的一个重要原因是闭关自守。经验表明，关起门来搞建设是不成功的，中国的发展离不开世界。"[49]世界现实清楚地表明，社会主义与资本主义不仅是共存的问题，而且是你中有我，我中有你的问题。社会主义与资本主义热战的反复较量与冷战的长期对峙，改变不了这样一个基本事实：社会主义与资本主义这两种制度会长期共存。两种制度在意识形态上的差异是不容回避的，但这种差异并不意味着必然导致如过去那样的相互隔绝，而完全可以在承认世界多样性的前提下实现共同发展。资本主义在短时期内显然是消灭不了的，它尽管不断地出现各种危机，这些危机甚至给它带来了重创，但看来这些危机不可能使其陷入覆灭的境地，还不可能动摇其根本。而社会主义尽管随着苏东剧变陷于低潮，但它还是顽强地活了下来，而且随着中国特色社会主义的崛起，它越来越焕发出生命力和优越性。在这种情况下，两种社会制度只能走相互依存的道路。和平共处、合作交流、和平竞争必然成为两种制度相处关系的基本态势。面对这样一种态势，中国的领导人及时地调整了与资本主义的关系，把共同发展、和平共处作为与资本主义相处的基本策略，而且不是把此视为一种短期的权宜之计，而是作为一项长期的战略。中国特色社会主义道路本着"开放式""共赢式"而非"封闭式""排他式"的发展战略积极应对当今所面临的各种挑战。邓小平说道："社会主义要赢得与资本主义的相比较的优势，就必须大胆吸收和借鉴人类社会创造的一切文明成果，吸收和借鉴当今世界各国包括资本主义发达国家在内的一切反映现代社会化生产规律的先进经营方式、管理方法。"[50] 邓小平在这里不但阐述了中国特色社会主义与资本主义相处的基本准则，更说清楚了实施这一准则的理由之所在。

习近平总书记在党的十九大报告中在谈及与包括资本主义世界在内的各国的关系时更明确地指出："要相互尊重、平等协商，坚决摒弃冷战思维和强权政治，走对话而不对抗、结伴而不结盟的国与国交往新路。要坚持以对话解决争端、以协商化解分歧，统筹应对传统和非传统安全威胁，反对一切形式的恐怖主义。要同舟共济，促进贸易和投资自由化便利化，推动经济全球化朝着更加开放、包容、普惠、平衡、共赢的方向发展。要尊重世界文化多样性，以文明交流超越文明隔阂、文明互鉴超越文明冲突、文明共存超越文明优越。要坚持环境友好，合作应对气候变化，保护好人类赖以生存的地球家园。"[51] 习近平总书记在这里所阐述的"五个要"不但重申了与资本主义世界的关系的基本原则，而且使这一原则更加明确和强有力。

中国特色社会主义道路是在全球化背景下重新塑造与资本主义

的关系的。中国是在与包括资本主义国家在内的整个世界的联系中建立社会主义的，与此同时，中国又只能在全球化的时空条件下建设社会主义。以全球性思维审视中国特色社会主义的历史方位和时代特征，决定了中国必须与资本主义建立共存的关系。当今经济全球化伴随着政治多极化、文化多元化和科技信息化，立体性、全方位地深化着和平与发展的时代主题，更深刻、更全面在开拓着人类社会走向现代文明。全球化既是各主权国家相互依存和相互影响加深的产物，与此同时，又是需要各国通力合作、共同推进的长远进程。在全球化进程中，各国的多样性不是一种孤立的存在，而是共存于世界体系之中，以各种方式进行合作。全球化的不断推进使整个地球成为人类共有的"家园"，在全球化面前，资本主义和社会主义绝对对立的观念，无论是在经济发展战略方面对立的观念，还是涉及政治、文化和社会建设领域的对立的观念，都将被摒弃。世界上任何国家和民族都不可能游离于这一全球化浪潮之外，都必须在全球化大潮中经受考验，进而决定自己的历史走向。社会主义国家也不例外。历史转变为世界历史，就意味着社会主义本身也成了世界历史的产物，社会主义也只有在与包括资本主义国家在内的世界的联系中才能求得自身的生存。社会主义非但不能破坏生产力和世界交往的普遍发展，而且应该更加自觉地驾驭和发展这种全球的全面生产、全面依存的关系。[52]中国道路的设计者们科学地把握了经济全球化时代中国的发展与世界特别是同资本主义国家的关系，从世界的整体联系出发提出了对外开放的基本战略。所谓对外开放就是积极顺应和自觉融入世界历史进程，在应对经济全球化的挑战中获取自身的利益。显然，这一战略的要旨是与资本主义国家建立起互动、互利的关系。

中国特色社会主义道路在重构与资本主义的关系的过程中，在人类历史上第一次探索出了一条把社会主义建设规律同人类发展规律相结合的更加广阔的文明发展道路。中国特色社会主义通过重构与资本主义的关系，实际上把中国的发展纳入了世界文明的发展大道之中。中国已经把实现社会主义的价值追求与实现人类文明的价值追求紧紧地结合在一起了。不管怎么说，这些发达资本主义国家内在地蕴涵着人类文明发展的成果，与这些国家隔绝在某种意义上是与人类文明成果隔绝，与这些国家对峙在某种意义上是与人类文明成果对峙。只要把资本主义与社会主义的时间继起性与空间并存性放在历史的长河中加以辩证的考察，就能非常清楚地看到，社会主义与资本主义的关系，既有相互对立的一面，又有相互影响的一面，既有相互较量的一面，又有长期共存的一面。中国道路的经验表明，只有一方面深刻认识到社会主义价值追求与人类文明的价值追求的一致性，另一方面又深刻认识到发达资本主义国家内在地蕴含着人类文明的成果，才能自觉地、主动地重构社会主义与资本主义的关系。与此同时，中国道路的经验也表明，只有在与资本主义国家建立起新的共存合作的关系，社会主义国家才能实现社会主义的价值追求。确实，社会主义有着自身的价值追求，例如，坚持人的自由而全面发展的理想目标，努力实现人与自然、人与社会、人与人和谐发展，所有这些价值目标在当今世界上靠一个国家孤立、单独地实现是不可能的。必须把这些价值追求融入整个文明的价值体系之中，通过国际交往与合作，为这些社会主义价值追求的实现争取更大的空间。列宁曾经说道："社会主义能否实现，就取决于我们把苏维埃政权和苏维埃管理组织同资本主义最新的进步的东西结合得好坏。"[53] 列宁在这里所说的"社会主义能否实现"，当然首先指的是社会主义价值目标的实现。

不可否认，当今的经济全球化是由发达资本主义国家所主导的。中国特色社会主义道路所构建的那种社会主义与资本主义的新的关系，可以促使这种全球化向更加公正合理的方向转变。经济全球化本质上是资本主义生产关系和社会制度向全球扩张的历史进程，表明资产阶级在全世界范围内的追逐利润。其经济构架显然是不合理、不公正的，广大第三世界的国家在这一构架中处于被支配、被欺凌的地位。处于这样一种状态的广大第三世界的国家，似乎只有两种选择：或者拒斥经济全球化，紧紧地把"国门"关上；或者一头栽进全球化的经济体系中，随波逐流，任其欺负。这两种选择都是没有出路的。那有没有第三种选择呢？有，这就是中国道路所做出的选择。中国特色社会主义道路建立起与资本主义新的关系，借助于这一新的关系，牢牢地把握经济全球化过程中的主动权，也就是说，中国道路的选择是积极地参与经济全球化过程中，但面对经济全球化这把"双刃剑"始终保持清醒的头脑，最大限度地通过吸收资本主义的文明成果，实现社会主义体制优化和经济社会跨越式发展。

人们欣喜地看到，当今由发达资本主义主导的经济全球化实际上出现了许多向公正、合理的方向转变的迹象，这显然与中国正确地实施对外开放的战略，与中国特色社会主义道路重构了资本主义的关系密切相关。自从资产阶级到处开拓市场以来，由西方列强主导的、对少数人有利的全球化终究要被公正、合理的、对多数人有利的全球化替代，由发达资本主义国家主导的全球化终究要被由社会主义国家主导的全球化替代。[54]我们看到，由于中国特色社会主义道路建立起了社会主义与资本主义新的关系，这一目标的实现变得具有了现实的可能。

六、习近平新时代中国特色社会主义思想 蕴含着一种新的文明样式

每一个时代都有它的重大课题，解决了它们就把人类文明又向前推进一步。显然，中国特色社会主义就是在正视和解决矛盾的同时，开辟着自己的道路的。虽然不能说当今中国已完全解决了当今人类社会内部的矛盾、人类社会与自然界的矛盾，但中国道路已经在解决矛盾的过程中积累的丰富的成果和经验，找到了前进的方向，改革开放以来，中国用 40 年的时间获得了巨大的经济成就，从站起来到富起来的历程已经世所公认。如果再用 30 多年，中国在民主、文明、和谐、美丽等方面获得同样大的成就，那会是怎样一幅激动

人心的前景？如果说过去 40 年中国的经济成就已经给予中国人民以巨大的满足感，在非经济的方面尚有欠缺和失落感，那么，未来在精神文明、政治文明、社会文明、生态文明方面的全面进步，又会带来多大的满足感？在这一意义上，我们绝不能一叶障目不见泰山，仅仅从物质需要与经济发展的狭隘研究出发考察中国特色社会主义，而要把它当作一个全面完整的文明体来考察。

特别是在今天，习近平新时代中国特色社会主义思想已经在今天以理论形态为解决时代矛盾提供了理论的遵循，蕴含着当今文明的长足进步，指点着人类新文明类型的光明前景，对人类文明的发展作着历史性的贡献。我们常说，马克思主义普遍真理和马克思主义中国化成果"一脉相承"，或者如习近平总书记所说，共产党人"不忘初心"，这种"脉"或者"心"就包含着人类文明的"文脉"和"心智"。这绝不是抽象的、空洞的文学比喻，而是有着实实在在的内容，其中就包括对人类社会的存在样态、运动规律、发展趋势的科学看法，以及为广大人民群众求解放谋幸福的立场取向。习近平新时代中国特色社会主义思想正是整个地构成了人类文明当中看待这些问题的有机组成部分，指导新时代开创着文明的不竭道路。

作为文明新样式的新的"伟大斗争"和新的"伟大社会革命"，生动体现在美好生活和美丽强国的"后－初级阶段"目标上，乃至是在"持续走向繁荣富强"的"此岸性"成果基础之上，昭示着、部分实现着更加丰富的人民自由全面发展的"彼岸性"内容。当然，在社会主义初级阶段的当今新时代和未来"后－初级阶段"的更新时代当中，和马克思主义经典理论对未来共产主义第一阶段社会形态的进行设想的基本原则一样，都还要受到现实条件阶段的制约，人的自由而全面发展的维度，还只能是部分地实现，尤其是还要带有人类文明共同体存在样态当中资本因素和资本原则的留存，但与此同时，我们运用社会主义的活的制度因素，驾驭和引导经济社会发展方向，服务于作为劳动者的人的根本利益，不断为共产主义远大理想的实现积累条件，不断趋向于包括人的解放亦即劳动彻底解放在内的共产主义远大理想的诸项规定性。我们认为，我们可以模仿《共产党宣言》的句式说，未来作为文明进步尺度上"最先进的国家几乎都可以"借鉴21世纪的科学社会主义的思路"采取下面的措施"：

第一，实行社会主义市场经济，合理地利用资本因素和原则，但不使劳动力也成为纯粹的商品，不使劳动者充当纯粹受资本的雇佣和剥削对象。在可预见的一个历史时期，人类文明共同体式的和平发展样态，仍然还必须融入由资本原则所主导的全球经济体系，尤其是对于广大经济社会发展水平较低国家而言，尤其需要侧重强调解放和发展生产力，必须调动一切积极因素、让一切创造财富的源泉充分涌流，从而，必须让市场在资源配置中起决定性作用，并引导发挥资本的积极历史作用。但与此同时，社会主义的制度特征，又超越了纯粹资本主义条件下那种劳动力商品化状态：劳动力同生产资料的完全分离、市场的自由竞争和产业后备军的存在，使得劳动力仅仅是以其"价值"，即维持自身再生产的底线标准来资本被所购买。这种劳动力商品化的形式，是资本主义社会中"资本—劳动"对立的实现方式，是资本雇佣劳动、资本在购买劳动力的同时占有剩余价值的具体方法。而在社会主义市场经济条件下，企业经营和劳动就业的体制机制，尽管也有着市场交换、契约自由的一般形式，但是从根本上说，这首先是为了推动现代大生产的发展，对劳动力而言也有助于"劳动的变换、职能的更动和工人的全面流动性"，是实现着劳动者的现代化生存方式的转型。因此，社会主义市场经济是实现对资本的有限制的超越、实现劳动的部分解放的基本形式。

第二，在社会主义市场经济体制下，在劳动力和劳动岗位的动态平衡中，在劳动生产过程的扩大中，实现经济的良性增长同劳动者物质利益的满足和发展的有机统一。从经济的社会形态的基础性条件来说，只有依托于劳动岗位，人们才能获取谋生的必要手段，才能进而得以向更高层次发展，包括要在底线上达成第一点所说的防止使劳动力成为商品、防止劳动沦为资本的附属物，要使得市场经济的社会主义规定性和前进方向落到实处，也需要从劳动岗位和劳动者的平衡态势入手，改变资本主义条件下"资本—劳动"对立的局面。也就是说，社会主义需要改变资本主义为达成"自由"的劳动力"市场"所配备的基本前提：劳动人口的制度性过剩。即使在资本主义的改良者们看来，经济体的充分就业也是其缓解矛盾和危机的基本手段，即使在实证的经济学者和社会学者们的分析框架中，劳动者"谈判地位""议价能力"的提高也是其改善自身处境的必要前提，那么，对社会主义而言，就更应当从制度的内在目标和本质的高度，不断促进劳动力与劳动资料的充分结合，促进劳动者与适当的劳动岗位的充分匹配。在原有的计划经济体制下，我们采取劳动岗位的低水平广覆盖形式，并将社会保障同岗位直接绑定，社会主义市场经济改变了这种形式，并且在经济发展的具体局部场合，出于经济效益的考量也需要淘汰落后产能、减少劳动岗位。但是，社会主义的制度属性就要求以劳动者的根本利益为本，切实保障劳动者在局部转换中的利益诉求，并且从社会主义的初级阶段的经济增长和生产力发展来说，不仅其根本任务在于满足人们的需要，就是其过程本身，也意味着劳动生产过程的不断扩大，需要不断吸纳劳动者的加入，包括劳动者随着产业的升级，转换其岗位、提升其能力。

第三，社会主义要使得劳动者在匹配了相应的劳动岗位之后，进而促使劳动任务、劳动过程与其自身生命活动的积极发展相结合。在马克思主义看来，劳动生产力的发展，不仅仅是服务于经济产出、经济效益，不仅仅是着眼于劳动者个体在物质利益、着眼于劳动报酬和福利待遇的提升，更全面地说来，是使得人的整个的生命活动不断丰富，是人的主体能力的不断提升。劳动作为人的首要的生命活动，劳动岗位也就相应是人的生命活动的展现舞台，人们匹配了一定的舞台从事劳动，就是依托其上开展以劳动为基础的各项活动。在计划经济时代的单位体制下，劳动者所在的劳动组织，是与社会的组织结构直接同一的，是在直接生产过程之外直接附设了劳动者个人的全部生活各个方面的职能，使得劳动过程与劳动者生命活动的积极展直接同一。在社会主义市场经济体制下，我们重构了社会的组织结构，但这并不意味着将企业作为单纯的经济经营实体、单纯的"此岸"，并不意味着它只是支付给劳动者货币报酬，让劳动者在其他场合、在"彼岸"自行发展其生命活动。社会主义即使在其初级阶段，仍然要注重在劳动的过程之中与劳动者的生命活动展现相结合。这种结合，包括使得劳动者的社会人格的养成和发展，例如其对劳动本身的幸福感和成就感培养，其科学知识技能的提升，其社会交往线索和"文明社交方式"[55]的塑造，等等。

第四，社会主义要以适当的公有制形式和社会治理体系，促进劳动者作为劳动过程、作为劳动的经济组织的主人翁地位。马克思主义认为，劳动的解放"决定于生产力是否归人民所有"，那么，这种人民的所有制的实现形式、实现程度，当然也就决定着劳动的解放的实现程度。在计划经济时代，我们在经济的生产积累和工人群众的消费的综合平衡中，在国家统一计划管理体制和工人群众的各种参与机制和民主管理机制的辩证探索中，初步构建起了公有制的经济基础和工人在企业中主人翁地位、主人翁意识的基本格局。在社会主义市场经济的逐步探索和发展当中，我们改变了计划经济时代单一的公有制经济成分，包括国有企业也脱离了计划体制下对国家机器的职能部门的机械从属，而转为主要从国有资产和资本的运营角度追求保值增值。在新的历史条件和体制机制下，劳动者的主人翁地位的实现，就需要经由更加复杂、间接和迂回的进路，除了公有制成分本身保持在国民经济中的领导主体地位，除了原先许多行之有效的劳动者在企业的微观层面的参与机制，仍然要根据具体情况加以改造和发扬，还要经由人民代表大会对经济社会发展规划的制定，引导经济运行和资本投向的宏观路径，还要经由政治的顶层设计和社会主义的法律体系等的制定，作为保障劳动者权益的基本制度保障。总而言之，社会主义在其动态发展当中要求宏观和微观层面的结合，从人民当家作主和劳动者直接参与的结合，发挥劳动者对劳动过程和劳动组织的主人翁地位。

第五，社会主义要求不断促进劳动者之间的联合关系的形成。中国除了整体国情上经济社会发展水平的落后，还由于本身的地域和人口规模广大，在国家内部各个组成成分之间，在经济资源、产业构成、发展水平上都有着极大的差异，这也相应带来了劳动者的相互区隔，形成复杂的利益本位和主体。在计划经济时代，我们已经注意到了并初步探索了人民内部矛盾的处理、"十大关系"的统筹兼顾等。而在资本主义市场经济条件下，资本本身的逐利特性、规模效益和追求自由流动的内在冲动，无疑更会相应地造成劳动者诸个体追随资本投向，具有无序竞争、盲目流动的自发冲动。因此，社会主义市场经济就要求宏观调控和统筹协调，这种调控，除了国家运用法律和政策手段、运用财政和公有资本的投资导向对企业运营的调控、使得发展成果的普遍性惠及，也需要相应的在劳动者的层面的组织手段。例如，社会主义市场经济仍然要求无产阶级政党在全局政治方向上集中统一领导，要求党的基层组织的战斗堡垒作用，其在经济组织之中和跨经济组织的凝聚作用，还要求在党领导下的工会等群众性团体的组织、协调和服务功能等等。这其中，既包括中国基于社会主义初级阶段而担负着替代资本主义完成历史使命，完成使"无产者组织成为阶级"[56]的任务，又是社会主义向着新的文明社会形态的一般趋近任务，是对人成为"人类社会"或"社会化的人类"进程的探索，是对劳动者的"联合体"形式的探索。

一种新的人类文明的诞生，也意味着人的一种新的存在方式的形成。

20世纪后半叶以来，整个世界的存在状态开始趋同，我们把它概括为五方面的主义：消费主义，个人主义，现实主义，享受主义，科学主义。人类在这五个主义的价值观念下生活。

或者可以这样说，消费主义、享乐主义、现实主义、个人主义和科学主义是当今人类存在方式的主要特征。现在的问题是，人类跨入21世纪以后是否应当继续在这五种价值观念的支配下生活下去？是否应当继续坚持这种特征的生活方式？

人类可能并没有完全意识到，当今在世界上普遍崇尚的以消费主义为导向的生活方式，正在把我们人类引向一种可怕的境地。人类如果不换一种"活法"，即不改变消费主义的生活方式，前景堪忧。

关键在于，这样的生活方式在悄悄地向中国走来。如果当今的世界坚持走这样的生活道路，那么次贷危机、金融危机、经济危机，乃至更大的危机都是不可避免的。如果我们中国坚持美国人怎么生活我们也怎么生活，我们的生活一心向美国看齐，那么这样的危机也在等待着我们。

所以，危机就在我们身边，它的根源是人的生活方式。如果说，人的生活方式不改变，那么人类没有希望、地球没有希望、世界没有希望。

中国特色社会主义道路是否具有世界历史意义，主要取决于它是否为人类文明应对所面临的人的存在方式的矛盾与危机做出了自己的贡献，它能否成为人类追求文明进步的一条新路，它能否为人类探索出一种新的存在状态？

习近平新时代中国特色社会主义思想明确地把实现美好生活作为奋斗目标，其重大意义是在人类历史上第一次超越了消费主义的界限，把真正"属人的生活"作为目标加以追求。这是对人类生活方式的一次重大革命。

2018 年 5 月 18 日至 19 日，在北京召开全国生态环境保护大会，习近平总书记出席会议并发表了重要讲话。

习近平总书记在全国生态环境保护大会上明确提出了一个时间表，即到 2035 年，美丽中国目标基本实现，而到 21 世纪中叶，建成美丽中国。

从他对什么是美丽中国的论述，以及如何建成美丽中国的措施的论述，我们可以清晰地看到，他要带领中国人民创建的究竟是一种什么样的人的新的存在方式，什么样的新的人类文明。

第一，人与自然和谐共生，人充分地享受自然界给予人类的美感。人究竟如何生活，首先是人究竟如何面对自然，美好的生活方式取决人可否与自然和谐相处。在这种新的存在方式下，基本消除重污染天气，还老百姓蓝天白云，繁星闪烁；基本消灭城市黑臭水体，还给老百姓清水绿岸、鱼翔浅底的景象；强化土壤污染管控和修复，让老百姓吃得放心、住得安心；打造美丽乡村，为老百姓留住鸟语花香田园风光。

第二，人生活在一个"生命共同体"之中，人与人和睦相处。一种生活方式是否美好除了视人与自然的关系如何，还要看人与人之间的关系如何。习近平总书记在这一讲话中特别提及"共享"的发展理念，提出良好的生态环境是最普惠的民生福祉，强调要坚持生态惠民、生态利民、生态为民。可以预料，随着生态环境作为最普惠的民主福祉的实现，人们所企盼的公平正义的价值目标也将实现，环境的公正是最大的公正。而环境公正了，人与人之间才能消除根本的冲突根源。

第三，人将真正为了自己的真实需要而生产。生活的重要内容是进行生产，而原有的那种仅仅是为了利润而生产的方式不得到改变，人的新的存在方式也根本建立不起来。习近平总书记在这里再次提出"绿色发展方式"的概念，美丽中国、美好生活是与绿色发展方式联系在一起的。只要在生产过程中，真正做到坚持节约优先、保持优先、自然恢复为主的方针；贯彻创新、协调、绿色、开放、共享的发展理念；坚持绿水青山就是金山银山的理念，那么，这种生产就不是为了交换价值的生产，而真正是为了使用价值的生产。

235

随着以"生态产业化"和"产业生态化"为主体的生态经济体系的形成，这种新的生产方式也将产生。人在这种生产中将获得无穷的享受与满足。

第四，人不再是商品的奴隶，真正成为自己生活的主人。目前这种消费主义的生活方式不改变，新的人的存在方式是不可能形成的。习近平总书记再次强调了"绿色生活方式"的理念。他特别提到，倡导简约适度、绿色低碳的生活方式，反对奢侈浪费和不合理消费。这不是"占有"而是"存在"的生活方式，满足的不是"虚假的需求"而是"真实的需求"。

这也正是马克思所期望的人自由而全面的发展的新的人的存在状态。

注　释

［1］《马克思恩格斯选集》第 4 卷，人民出版社 1995 年版，第 692 页。

［2］《马克思恩格斯文集》第 2 卷，人民出版社 2009 年版，第 592 页。

［3］参见赵家祥：《对质疑"五种社会形态理论"的质疑——与段忠桥教授商榷》，载《北京大学学报（哲学社会科学版）》2006 年第 2 期。

［4］《马克思恩格斯全集》第 46 卷上册，人民出版社 1979 年版，第 104 页。

［5］《马克思恩格斯选集》第 1 卷，人民出版社 1995 年版，第 293 页。

［6］《马克思恩格斯文集》第 2 卷，人民出版社 2009 年版，第 592 页。

［7］《马克思恩格斯文集》第 1 卷，人民出版社 2009 年版，第 502 页。

［8］《马克思恩格斯文集》第 3 卷，人民出版社 2009 年版，第 564 页。

［9］《马克思恩格斯选集》第 1 卷，人民出版社 1995 年版，第 88 页。

［10］《马克思恩格斯全集》第 23 卷，人民出版社 1972 年版，第 708 页。

［11］《邓小平文选》第 3 卷，人民出版社 1993 年版，第 225 页。

［12］参见武力：《中国计划经济的重新审视与评价》，载《当代中国史研究》2003 年第 4 期。

［13］《列宁选集》第 4 卷，人民出版社 1995 年版，第 777 页。

［14］《邓小平文选》第 3 卷，人民出版社 1993 年版，第 373 页。

［15］《邓小平文选》第 3 卷，人民出版社，1993 年，第 113 页。

［16］《邓小平文选》第 3 卷，人民出版社，1993 年，第 142 页。

［17］《邓小平文选》第 3 卷，人民出版社，1993 年，第 172 页。

［18］《马克思恩格斯全集》第 23 卷，人民出版社 1972 年版，第 11 页。

［19］《马克思恩格斯全集》第 23 卷，人民出版社 1972 年版，第 8 页。

［20］《马克思恩格斯全集》第 23 卷，人民出版社 1972 年版，第 11 页。

［21］《马克思恩格斯文集》第 2 卷，人民出版社 2009 年版，第 37 页。

［22］《马克思恩格斯文集》第 2 卷，人民出版社 2009 年版，第 37 页。

［23］James O'Connor, "Natural Causes: Essays" in *Ecological Marxism*, The Guilford Press, 1998, p.165.

［24］《马克思恩格斯文集》第 7 卷，人民出版社 2009 年版，第 894 页。

［25］参见袁银传等：《论中国特色社会主义的历史意义》，载《湖湘论坛》2012 年第 2 期，第 31—32 页。

［26］弗朗西斯·福山：《历史的终结和最后的人》，远方出版社 1998 年版，第 1 页。

［27］《邓小平文选》第 3 卷，人民出版社，1993 年，第 373 页。

［28］《江泽民文选》第 1 卷，人民出版社，2006 年，第 124 页。

［29］《邓小平文选》第 3 卷，人民出版社，1993 年，第 2—3 页。

［30］《江泽民文选》第 3 卷，人民出版社，2006 年，第 298 页。

［31］《江泽民文选》第 3 卷，人民出版社，2006 年，第 110 页。

［32］胡锦涛：《努力建设持久和平、共同繁荣的和谐世界——在联合国成立 60 周年首脑会议上的讲话》，载《人民日报》2005 年 9 月 16 日。

［33］胡锦涛：《高举中国特色社会主义伟大旗帜，为夺取全面建设小康社会新胜利而奋斗》，载《人民日报》2007 年 10 月 16 日。

［34］参见周建超：《论人类社会发展的多样性与中国特色社会主义》，载《思想理论导刊》2012 年第 4 期，第 97 页。

［35］邓小平：《社会主义的中国谁也动摇不了》，《邓小平文选》第 3 卷，第 328 页。

［36］邓小平：《和平与发展是当代世界的两大大问题》，《邓小平文选》第3卷，第104页。

［37］江泽民：《加快改革开放和现代化建设步伐，夺取建设有中国特色社会主义事业的更大胜利》，《十四大以来重要文献选编》上册，第35—36页。

［38］《明者因时而变　知者随时而制——习近平在博鳌论坛2013年年会上的主旨演讲》，《文汇报》2013年4月8日。

［39］参见吴晓明：《论中国的和平主义发展道路及其世界历史意义》，载《中国社会科学》2009年第5期，第53页。

［40］参见孙代尧：《世界历史视野下的当代中国社会发展道路》，载《武汉大学学报（人文科学版）》2002年第5期。

［41］参见郭万超：《中国特色社会主义道路的科学定位》，载《新视野》2009年第1期。

［42］参见张爱武：《论中国特色社会主义理论体系的世界意义》，载《马克思主义与现实》2009年第3期，第156页。

［43］参见汤因比、池田大佐：《展望二十一世纪》，国际文化出版公司1985年版，第282—296页。

［44］参见吴晓明：《论中国的和平主义发展道路及其世界历史意义》，载《中国社会科学》2009年第5期，第59页。

［45］参见吴晓明：《论中国的和平主义发展道路及其世界历史意义》，载《中国社会科学》2009年第5期，第59页。

［46］《斯大林选集》下卷，人民出版社，1979年，第542—543页。

［47］《斯大林选集》下卷，人民出版社，1979年，第561页。

［48］参见蒲国良：《世界社会主义视阈下的中国特色社会主义》，载《教学与研究》2008年第8期，第55页。

［49］《邓小平文选》第3卷，人民出版社1993年版，第90页。

［50］《邓小平文选》第3卷，人民出版社1993年版，第373页。

［51］习近平：《决胜全面建成小康社会　夺取新时代中国特色社会主义伟大胜利——在中国共产党第十九次全国代表大会上的报告》，人民出版社2017年版，第59页。

［52］参见罗会德：《全球化视野下中国特色社会主义发展的历史方位和时代特征》，载《当代世界与社会主义》2013年第1期，第71—72页。

［53］《列宁全集》第25卷，人民出版社1958年版，第170—171页。

［54］参见郑洁等：《中国特色社会主义的世界历史意蕴》，载《山东社会科学》

2010 年第 5 期，第 56 页。

　　［55］《马克思恩格斯选集》第 3 卷，人民出版社 1995 年版，第 151 页。

　　［56］《马克思恩格斯选集》第 1 卷，人民出版社 1995 年版，第 281 页。

图书在版编目(CIP)数据

新时代的历史大视野/陈学明等著;焦扬主编. —
上海:上海人民出版社,2019
(习近平新时代中国特色社会主义思想研究工程)
ISBN 978-7-208-15643-2

Ⅰ.①新… Ⅱ.①陈… ②焦… Ⅲ.①中国特色社会
主义-理论研究 Ⅳ.①D616

中国版本图书馆 CIP 数据核字(2019)第 126093 号

责任编辑　熊　捷
封面设计　汪　昊

习近平新时代中国特色社会主义思想研究工程
新时代的历史大视野
焦扬　主编
陈学明　李冉　肖巍　周文　等　著

出　　版　**上海人民出版社**
　　　　　　(200001　上海福建中路 193 号)
发　　行　上海人民出版社发行中心
印　　刷　江苏凤凰数码印务有限公司
开　　本　720×1000　1/16
印　　张　16
插　　页　4
字　　数　157,000
版　　次　2019 年 8 月第 1 版
印　　次　2020 年 5 月第 3 次印刷
ISBN 978-7-208-15643-2/D・3352
定　　价　68.00 元